Yarito Niimura

Der Tausendfüßler, der das Laufen verlernte

Die Autorin

Yarito Niimura ist das Autorenpseudonym einer in Deutschland lebenden japanischen Autorin und Übersetzerin mit einer besonderen Liebe zu Zen und Bonsai-Bäumen.

Yarito Niimura

Der Tausendfüßler, der das Laufen verlernte

Zen-Geschichten alter Meister

HERDER

FREIBURG · BASEL · WIEN

Titel der Originalausgabe:
ZEN. Geschichten alter Meister
© Verlag Herder GmbH, Freiburg im Breisgau 2013
ISBN 978-3-451-30682-2

© Verlag Herder GmbH, Freiburg im Breisgau 2020
Alle Rechte vorbehalten
www.herder.de

Umschlagkonzeption: Herder Verlag
Umschlagmotiv: © ririe777 / GettyImages

Satz: Tina Lechner Grafik & Buchdesign, Stuttgart
Herstellung: GGP Media GmbH, Pößneck

Printed in Germany

ISBN Print 978-3-451-03272-1
ISBN E-Book 978-3-451-82138-7

Einladung

Selten kommt Weisheit auf so leichten Füßen daher. Lesen wir Zen-Geschichten, tauchen wir ein in eine merkwürdig schwebende Welt. Schüler treffen auf ihre Meister, Mönche ziehen durchs Land, Samurai suchen das Glück und Einsiedler die Einsamkeit, und dann gibt es auch noch Diebe und Bettler, Kaufleute, Herrscher und sogar Gespenster. Und sie alle sind auf ihrer Suche, sie erleben Abenteuer und treffen auf den einen unerwarteten Moment, der ihrem Leben eine Wendung gibt. Zen-Geschichten öffnen eine Tür. Wer sie durchschreitet, findet plötzlich alles umgekehrt. Gewissheiten sind verflogen, und dahinter eröffnet sich ein befreiendes Lächeln.

INHALT

DIE TEETASSE

Ein Gelehrter besuchte einen Meister mit der Absicht, etwas über Zen zu erfahren. Der Meister servierte Tee. Er schenkte dem Gelehrten ein, immer weiter und immer weiter. Bis die Tasse überlief und der Gelehrte ärgerlich rief: »Mehr geht nicht hinein!«

Darauf der Meister: »So voll wie diese Tasse seid auch Ihr mit all Euren Meinungen und Gedanken. Wie kann ich Euch den Weg zum Zen weisen, wenn Ihr die Tasse nicht endlich austrinkt?«

»Der Beginn liegt in dir selbst. Bei einer Reise, die tausend Meilen weit reicht, ist der erste Schritt der wichtigste.«

Meister Ying-an

DIE WELT DES SCHEINS

Ein Mönch befand sich auf Reisen. Die Nacht war schon hereingebrochen, es wurde finster, und er konnte die Hand vor den Augen kaum noch erkennen. Da trat er plötzlich auf etwas Weiches und spürte, wie dieses Etwas zerplatzte. Im Nu kam ihm der Gedanke, es müsse sich um einen Frosch gehandelt haben. Und er erschauerte. Verbot nicht die Lehre des Buddha, anderen Lebewesen Leid zuzufügen, ganz gleich, um was es sich handele? Stets hatte er sich daran gehalten. Und nun musste er befürchten, rein aus Versehen ein Lebewesen getötet zu haben. Als er sich endlich schlafen legte, erschienen ihm im Traum Hunderte von Fröschen, die allesamt seinen Tod forderten.

Als er am folgenden Morgen erwachte, suchte er nach dem getöteten Frosch. Doch was er fand, war kein Frosch, sondern eine Frucht, die sein Fuß getroffen und zerquetscht hatte. Und zum ersten Mal erkannte er, was damit gemeint war, dass es keine gegenständliche Welt gibt.

DER KLANG DER EINEN HAND

Der Meister eines Tempels hatte einen jungen Schützling bei sich aufgenommen. Dieser Junge beobachtete den Alltag des Tempels genau, er sah, wie die Schüler Tag für Tag den Raum des Meisters aufsuchten, morgens wie abends, wie sie vom Meister unterwiesen wurden und wie sie Aufgaben erhielten, die ihnen den Weg zum Zen weisen sollten. Diesen Weg wollte der Junge ebenfalls beschreiten. Also bat er den Meister, auch ihn zu unterweisen und in die Schar seiner Schüler aufzunehmen. Doch der Meister erwiderte: »Du bist noch zu jung. Später vielleicht.« Als aber der Junge keine Ruhe gab und unentwegt auf den Meister einredete, gewährte der ihm endlich seinen Wunsch.

Am nächsten Tag war es soweit. Der Junge betrat mit den anderen Schülern den Raum des Meisters, setzte sich nieder und wartete voller Spannung auf das, was kommen sollte. Da sagte der Meister zu ihm: »Wenn deine beiden Hände zusammenklatschen, dann hörst du den Klang zweier Hände. Jetzt aber lass mich den Klang der einen Hand hören.«

Wie sollte das gehen? Nachdenklich begab sich der Junge in seine Kammer. Da vernahm er von draußen den Gesang der Geishas. Und als er am nächsten Tag vom Meister aufgefordert wurde, den Klang der einen Hand hören zu lassen, gab der Junge den Gesang der Geishas wieder.

»Das ist nicht der Klang der einen Hand«, entgegnete der Meister.

Womöglich, so ging es dem Jungen durch den Kopf, war es ja gerade die Musik gewesen, die ihn von der Lösung seiner Aufgabe abgebracht hatte. Jedenfalls beschloss der Junge, an einem ruhigeren Ort über das Rätsel nachzudenken, und er zog sich in den Wald zurück. Da hörte er, wie ein Wassertropfen zu Boden fiel. Und der Junge glaubte, nun endlich den Klang der einen Hand gefunden zu haben. Also ahmte er den Ton des Wassertropfens nach, als er wieder seinen Meister besuchte. Der aber entgegnete nur: »Das ist nicht der Klang der einen Hand.«

Und so versuchte es der Junge erneut. Doch ganz gleich, ob er das Klagen des Windes, den Ruf der Eule oder das Zirpen einer Grille nachahmte – all dies war nicht der

Klang der einen Hand. Wochen und Monate zogen ins Land, und schließlich war ein Jahr vergangen, und der Junge hatte noch immer nicht den Klang der einen Hand gefunden.

Da vergaß er all die gehörten Töne, er ging in sich, gelangte zur wahren inneren Ruhe und überschritt auf seiner Suche nach dem Klang der einen Hand das Reich des Hörbaren. »Ich ging über den Klang hinaus«, soll er gesagt haben, »und erreichte den Klang ohne Klang.«

Und damit hatte er den Klang der einen Hand gefunden.

»Dein Geist gleicht einem
Auge, das alles sieht,
nur nicht sich selbst.
In jeden Winkel dringt
sein Licht; was hindert ihn,
sich selbst zu erkennen?«

Meister Foyan

DAS MÄDCHEN

Zwei Mönche befanden sich auf Wanderschaft. Es regnete in Strömen, und die Straßen waren voller Schlamm und Unrat. An einer Weggabelung bemerkten sie ein junges Mädchen in einem kostbaren Kimono, das versuchte, die Straße zu überqueren, angesichts des Schlamms jedoch immer wieder davor zurückschreckte. Kurzerhand ging einer der Mönche auf das Mädchen zu, nahm es auf seine Arme und trug es über die Straße.

Schweigend setzten die Mönche ihre Wanderschaft fort, bis sie endlich in einem Kloster eine Unterkunft für die Nacht gefunden hatten. Da platzte es aus dem anderen Mönch heraus: »Du weißt doch ganz genau, dass uns Mönchen die Nähe zu Frauen untersagt ist. Wie konntest du das Mädchen nur über die Straße tragen?«

»Ich habe das Mädchen wieder abgesetzt«, bekam er zur Antwort. »Doch du, so scheint es mir, du trägst es noch immer.«

NICHTS EXISTIERT

Ein Schüler befand sich auf der Suche nach einem Meister. Einen Lehrer nach dem anderen hatte er schon gehört, doch ihm schien, er habe den Richtigen noch nicht gefunden.

Als er sich wieder einmal bei einem Meister vorstellte, wollte er zeigen, was er alles gelernt hatte. Also begann er: »Nichts existiert, weder der Geist noch der Buddha noch überhaupt ein Lebewesen. Soll ich die wahre Natur aller Erscheinungen benennen, dann ist es die Leere. Nichts existiert. Weder Täuschung noch Weisheit noch Freude noch Glück. Weder gibt es eine Gabe noch jemanden, der gibt.«

Während der Schüler dies sagte, saß der Meister still da und rauchte seine Pfeife. Doch mit einem Mal sprang er auf und hieb mit der Pfeife auf den Kopf des Schülers. Der schrie vor Schmerz und geriet außer sich.
»Was bist du wütend«, fragte der Meister, »da doch weder Pfeife noch Schmerzen existieren?«

»Vom Dachvorsprung tropft
es und tropft. Vollkommen
dieser Augenblick. —
In der unermesslichen Leere
vertieft sich mein Verstehen.«

Meister Ryokan

DER SAMURAI

Ein Samurai hatte einen Fisch gefangen und war gerade dabei, ein Feuer zu entfachen, um seine Beute zuzubereiten, da kam eine Katze, umschmeichelte die Beine des Samurai und schnappte plötzlich nach dem Fisch. Zornig ergriff der Samurai sein Schwert, und noch bevor die Katze zum rettenden Sprung ansetzen konnte, hatte er sie entzwei geschlagen.

Nach dem Mahl legte er sich schlafen. Doch anstelle eines ruhigen Schlafes erschien ihm im Traum die Katze, die derart entsetzlich schrie, dass ihm das grässliche Geräusch durch alle Glieder fuhr. Schweißgebadet erhob er sich. Doch das Erwachen bot keine Erlösung. Denn auch im Wachen verfolgte ihn das Schreien der Katze, wohin auch immer er ging. Tag für Tag und Nacht für Nacht litt er unter dem schrecklichen Miauen, und er konnte kein Mittel finden, das ihn davon erlöste.

Endlich suchte er einen alten Zen-Meister auf und bat ihn um seinen Rat. Der sagte: »Ihr wollt ein tapferer Samurai sein und fürchtet Euch vor dem Miauen einer

Katze? Ich weiß keine andere Lösung für Euch als den Tod. Nehmt also Euer Schwert und bereitet Eurem Leben ein Ende.«

Der Samurai, der keinen anderen Ausweg mehr sah, stimmte dem zu. Also fuhr der Meister fort: »Wir wollen keine Minute vergeuden. Nehmt nur Euer Schwert und bohrt es in Euren Bauch. Ich werde mit meinem Schwert Euren Kopf abschlagen, damit sich Euer Leiden verringert.«

Der Samurai war einverstanden. Und so kniete er nieder, zog sein Schwert aus der Scheide und setzte die Spitze an seinen Bauch, wie das Ritual es vorschreibt. Hinter ihm stand der Meister, der ebenfalls sein Schwert bereithielt. Eben wollte der Samurai beginnen, sich das Schwert in den Bauch zu stoßen, da sagte der Meister: »Einen Augenblick! Hört Ihr noch das Schreien der Katze?« Der Samurai stutzte: »Nein, ich kann nichts mehr hören!« Darauf der Meister: »Dann werdet Ihr Euch doch nicht das Leben nehmen müssen. Manchmal ist das Nahen des Todes die beste Medizin.«

DAS SCHWEIGEN LERNEN

Vier Schüler hatten sich verabredet, gemeinsam sieben Tage das Schweigen zu üben. Der erste Tag begann, und seit dem frühen Morgen verweilten sie ohne ein Wort in gemeinsamer Meditation. Dann brach die Nacht herein, die Lichter in den Lampen begannen zu flackern, und einer der Schüler rief einen Diener herbei, er solle nach den Lampen sehen.

Verärgert fiel ihm ein anderer Schüler ins Wort: »Hast du denn unsere Abmachung vergessen? Wollten wir nicht schweigen?«

»Ihr Dummköpfe!«, rief der Dritte. »Warum brecht ihr das Schweigen?«

»Unter uns bin ich der Einzige, dem kein Wort entronnen ist«, bemerkte der Vierte.

GLÜCK UND UNGLÜCK

Einst lebte ein Pferdezüchter, dessen Ruhm bis in die entferntesten Provinzen des Landes drang. Man pries ihn wegen seiner Tiere, und sie wurden teuer erstanden. Da geschah es, dass eines seiner besten Pferde davonlief. Es war der Liebling des Mannes, ein Hengst, der für seine Zucht von großem Wert gewesen war. »Welch ein Unglück«, riefen da die Nachbarn. Der Mann aber sagte nur: »Wer etwas verliert, der gewinnt auch etwas.«

Kaum waren einige Tage vergangen, da kehrte der Hengst zurück. Doch nicht allein. Begleitet wurde er von einer Stute, deren Aussehen jedem verriet, dass es sich um ein ganz besonderes Tier handeln musste. »Welch ein Glück!«, riefen da die Nachbarn. Doch der Mann sagte nur: »Wer etwas gewinnt, der verliert auch etwas.«

Der Sohn des Pferdezüchters wollte die Stute zureiten. Er wurde abgeworfen und brach sich beim Sturz ein Bein. Obgleich das Bein sofort gerichtet wurde, war dem Vater nur zu bald klar, dass sein Sohn nie mehr richtig würde gehen können. Er war das einzige Kind

des Mannes und sollte dereinst die Pferdezucht weiter-
führen. Doch wie hätte er das nun tun können? »Welch
ein Unglück«, riefen da die Nachbarn. Der Mann aber
sagte nur: »Wer etwas verliert, der gewinnt auch etwas.«

Es dauerte nicht lange, und der Krieg hielt Einzug ins
Land. Der Herrscher ließ alle jungen Männer in sein Heer
holen, und nur wenige von ihnen kehrten jemals zurück. Der Sohn des Pferdezüchters aber blieb verschont,
denn was nützt schon ein lahmer Soldat im Krieg?

»Erleuchtung: Jahre von zu Hause entfernt siehst du deinen Vater. Du erkennst ihn sofort. Du musst niemanden fragen, ob das dein Vater ist.«

Meister Foyan

EIN GELEHRTER

Man erzählt sich von einem berühmten Gelehrten, der sich unablässig mühte, sein Wissen noch zu vertiefen und den Weg des Buddha weiter zu beschreiten. Eines Tages aber kamen ihm Berichte über einen erleuchteten Meister zu Ohren, der sich der Notwendigkeit der Gelehrsamkeit und der lebenslangen Bemühung zu verweigern schien, vertrat er doch die Meinung, der eigene Geist sei der Buddha. Nun wusste der Gelehrte allerdings aus den vielen Büchern, die er gelesen hatte, dass es schier unendliche Zeiten an Übung bedürfe, um zur Buddhaschaft zu gelangen. Und so machte er sich auf, um den Meister von seinem Irrtum zu überzeugen.

Am Tempel des Meisters angelangt, verspürte der Gelehrte Hunger, und er ging zu einer alten Frau, die Reiskuchen verkaufte. »Gib mir einen Reiskuchen«, forderte er die Frau stolz auf. Doch anstatt dem zu folgen, fragte ihn die Frau, woher er stamme und was sein Beruf sei. Er sei ein Schüler Buddhas und ein großer Gelehrter, lautete seine halb erstaunte, halb ärgerliche Antwort, und erneut verlangte er nach dem Reiskuchen.

Die alte Frau erwiderte: »Seht her, ich bin eine alte und ungebildete Frau, die nichts weiß von all den Dingen, mit denen Ihr Euch beschäftigt. Erlaubt mir dennoch eine Frage. Beantwortet Ihr sie, so werdet Ihr den Reiskuchen bekommen.« Und die Alte fuhr fort: »Heißt es nicht in den Schriften, der Geist der Vergangenheit sei vergangen, der Geist der Zukunft noch nicht gekommen, der Geist der Gegenwart aber sei nicht zu fassen? So sagt mir: Wenn Ihr die Reiskuchen esst, mit welchem Geist wollt Ihr das tun?«

Dem Gelehrten verschlug es die Sprache. »Da Ihr mir nicht antwortet«, sagte die Alte, »kann ich Euch auch keinen Reiskuchen geben.«

»Wenn schon eine einfache alte Frau mit solcher Weisheit spricht, was wird mich erst erwarten, wenn ich auf den Meister treffe?«, dachte der Gelehrte.

Im Tempel wurde er freundlich empfangen. Man zeigte ihm seinen Schlafplatz, und er wurde aufgefordert, sich an den alltäglichen Arbeiten zu beteiligen. Tag für Tag kehrte er den Hof, jätete den Garten und pflegte das

Tempelinnere. Doch nie gelang es ihm, den Meister zu treffen und mit ihm zu sprechen. Immer, wenn er darum bat, wurde ihm gesagt, er müsse noch warten. Doch das Warten wurde ihm bitter, und er beklagte sich über die Hartherzigkeit des Meisters.

Endlich lud ihn der Meister zu sich ein, sie tranken Tee bis tief in die Nacht und führten ein langes Gespräch. Um Mitternacht bat der Meister, alleine sein zu dürfen, der Gelehrte ging hinaus, kehrte aber unversehens zurück und sagte: »Draußen herrscht finsterste Nacht, ich kann nichts sehen.« Der Meister entzündete eine Fackel, die er dem Gelehrten reichte. Doch kaum wollte der sie nehmen, blies der Meister sie wieder aus. Da überkam den Gelehrten eine tiefe Erkenntnis, und er verbeugte sich. Der Meister fragte: »Sagt mir, was habt Ihr gesehen?« Der Gelehrte erwiderte: »Von diesem Augenblick an werde ich nie mehr zweifeln an den Worten der alten Meister.« Voller Anerkennung nickte der Meister.

Tags darauf suchte der Gelehrte all seine Kommentare zu den Lehren Buddhas zusammen, trug sie in den Tempelhof und sagte zu den Umstehenden: »Und wenn es mir gelänge, Einsicht in die tiefste Lehre zu gewinnen, gliche das nur einem Haar, das in einen unendlichen Raum gelegt wird. Alle Weisheit der Welt ist nichts weiter als ein Tropfen im unermesslichen Meer.« Und er entzündete all seine Schriften, verbeugte sich und ging. Es heißt, er habe sich in ein entferntes Gebirge zurückgezogen und dort in Einsamkeit über dreißig Jahre in Versenkung gelebt.

EIN GESCHENK

In seiner einfachen kleinen Hütte am Fuße eines Berges lebte seit vielen Jahren ein Meister. Als er eines Abends außer Haus war, brach ein Dieb bei ihm ein, der jedoch bald feststellen musste, dass hier nichts zu holen war.

Indessen war der Meister zurückgekehrt, fand den Dieb bei seinem Treiben und sprach zu ihm: »Du wirst einen langen Weg auf dich genommen haben, um mich hier in meiner Einsamkeit aufzusuchen. Wenigstens ein Gastgeschenk will ich dir geben. Nimm also meine Kleider.«

Erstaunt nahm der Dieb die Kleider an sich und verschwand.

Nackt saß der Meister auf dem Boden, betrachtete den Mond und sprach: »Wie ich den armen Mann bedaure. Wenn ich ihm nur diesen herrlichen Mond hätte geben können.«

AUF DEM DRACHENBERG

Zwei Mönche befanden sich auf Wanderschaft in den Bergen. Durstig von der langen Wegesstrecke suchten sie nach Wasser und fanden einen Bergbach. Als sie sich erfrischten, beobachteten sie, wie ein Gemüseblatt auf dem Wasser schwamm. »Wer wohl in dieser Einsamkeit sein Leben verbringen mag? Ein Einsiedler vielleicht, der seine Hütte in der Nähe des Bachs errichtet hat.« Also beschlossen sie, dem Bach bergauf zu folgen.

Eine Zeit des Aufstiegs war vergangen, da gelangten sie zum Drachenberg. Und wenig später erblickten sie eine kleine Hütte, aus deren Tür ein Mann mit langem Bart und grauen Haaren herausschaute. »In diese Gegend führen keine Wege«, sagte er zu den beiden anstatt eines Grußes. »Wie habt Ihr hierher gefunden?« Der eine Mönch entgegnete: »Wenn es keine Wege gibt, wer hat Euch hierher geführt?«

»Das Wasser und die Wolken«, antwortete der Einsiedler. »Und wie viele Jahre seid Ihr schon hier in dieser Wildnis?«

»Was kümmern mich Jahre«, erwiderte der Einsiedler, »sie ziehen vorüber. Gewinnt die Luft an Milde und beginnt das Gras zu wachsen, dann weiß ich, dass der Frühling naht. Und ich weiß: Fällt Kälte herab, dann kommt der Herbst. Was muss ich sonst noch wissen?«

»Dann sagt mir«, begann der andere Mönch, »wer war der Erste hier, Ihr oder der Drachenberg?«

»Das vermag ich nicht zu sagen«, antwortete der Einsiedler. »Warum nicht?«

»Ich folge nicht dem Pfad der Menschen und der Götter.« Der erste Mönch ergriff wieder das Wort: »Dann sagt mir, was hat Euch dazu gebracht, hierher auf den Drachenberg zu kommen?«

»Zwei Ochsen«, antwortete der Einsiedler. »Einst wurde ich Zeuge, wie zwei Ochsen in Streit miteinander gerieten. Sie kämpften und kämpften und stürzten endlich ins Meer. Nie mehr habe ich sie seitdem wieder gesehen. Das Schwanken aber wich aus meinem Geist, und Friede erfüllte mein Leben.«

Ehrfürchtig verneigten sich die beiden Mönche vor dem Einsiedler.

»Wozu wollt ihr in ein
Zen-Kloster?
Lebt euer Leben aus eigener
Kraft und achtet nicht auf
das, was andere sagen.«

Meister Foyan

DER SCHLANGENKOPF

Das Mahl sollte längst gerichtet sein, und der Meister und seine Schüler saßen schon bereit, doch der Koch war aufgehalten worden. Voller Hast rannte er nun mit einem Messer in der Hand in den Garten, schnitt geschwind die Spitzen von den Gemüsepflanzen, eilte zurück in die Küche und schnitt die Zutaten für die Gemüsesuppe in kleine Stücke. In seiner Zeitnot hatte er jedoch nicht bemerkt, dass eine Schlange versehentlich seinem Messer zum Opfer gefallen und nun in kleingehackten Stücken Bestandteil der Suppe war. Als die Suppe endlich serviert wurde, waren die Schüler begeistert. Solch eine gute Suppe hatten sie noch nie gegessen. Auch der Meister wollte den Koch loben, da entdeckte er einen Schlangenkopf in seiner Schale. Er ließ den Koch holen, hielt den Schlangenkopf in die Höhe und fragte, was das sei. »Ich danke Euch, Meister«, rief der Koch, packte den Kopf und aß ihn auf.

DIE FECHTKUNST

In einer Stadt lebte ein Schwertfechter. Er hatte einen Sohn, der keinen dringlicheren Wunsch verspürte, als ebenso die Kunst des Schwertkampfs zu erlernen. Doch der Schwertfechter, der die Versuche seines Sohnes beobachtete, glaubte nicht, dass er jemals über die Anfänge der Kampfkunst gelangen könne. Enttäuscht verstieß er seinen Sohn.

Da wanderte der Sohn in die Berge, um bei einem berühmten Meister der Fechtkunst in die Lehre zu gehen. Aber auch der glaubte nicht an die Fähigkeiten des Sohnes.

»Du willst das Fechten erlernen?«, fragte der Meister. »Es wird dir nicht gelingen.«

»Und wenn ich hart an mir arbeite und alles auf dieses Ziel richte, wie viele Jahre werde ich brauchen, bis ich die Meisterschaft erlange?«, fragte der junge Mann.

»Dein ganzes Leben«, antwortete der Meister.

»Und wenn ich meine Anstrengungen verdopple, Euch in allem diene und all Euren Anweisungen gehorche, wie viele Jahre wird es dann dauern?«

»Dann womöglich zehn Jahre«, antwortete der Meister.

»Und wenn ich meine Anstrengungen noch einmal ver-
doppele, wie lange dann?«

»Dann wahrscheinlich dreißig Jahre«, antwortete der
Meister.

Der junge Mann war verblüfft: »Erst sind es zehn, nun
sind es plötzlich dreißig Jahre? Wie lange, sagt mir, wird
es dauern, wenn ich mich mit jeder Faser meines Kör-
pers und mit meinem ganzen Geist den Übungen hin-
gebe, um so die Frist so klein wie möglich zu halten?«

»Dann wirst du siebzig Jahre benötigen. Wer schnell ler-
nen will, braucht umso länger.«

Der junge Mann willigte in alles ein.

Seine Lehrzeit begann damit, dass es ihm aufs strengste
untersagt war, vom Fechten überhaupt zu sprechen.
Gleichfalls war es ihm verboten, das Schwert auch nur
zu berühren. Seine Aufgabe bestand darin, das Mahl
für seinen Meister zu bereiten und das Geschirr zu spü-
len, er ordnete die Schlafstätte, kehrte den Hof und jätete den Garten, Tag für Tag und Jahr für Jahr.

Drei Jahre waren ins Land gezogen, und nichts hatte sich an den Aufgaben des jungen Mannes verändert. Die Hoffnung, jemals die Fechtkunst zu erlernen, wich von ihm, und ihn befiel große Trauer. Eines Abends nun schlich sich sein Meister von hinten an ihn heran und versetzte ihm einen kräftigen Hieb mit einem Holzschwert. Tags darauf, der junge Mann kochte gerade die Reissuppe, schlich sich der Meister erneut von hinten an seinen Schüler, und wieder versetzte er ihm einen schmerzhaften Hieb.

Und so ging es weiter. Kein Tag und keine Nacht, da der junge Mann nicht auf der Hut sein musste vor einem plötzlichen Angriff.

Der junge Mann lernte schnell. So schnell, dass selbst sein strenger Meister zuweilen ein Lächeln nicht verbergen konnte. Er wurde zum größten Schwertkämpfer seines Landes.

GEHORSAM

Im ganzen Land sprach man von einem Meister, dessen Reden weit über den Kreis seiner Schüler hinaus höchste Aufmerksamkeit erregten. Sowohl Mönche wie auch ganz normale Menschen zogen zu ihm, um seine Worte zu hören. Dabei versuchte er nicht etwa mit großer Gelehrsamkeit zu glänzen, und er prunkte auch nicht damit, eine Vielzahl an bedeutenden Schriften gelesen zu haben. Was ihn auszeichnete, war, dass er die Kunst beherrschte, mit seinen Worten direkt in die Herzen der Menschen zu dringen.

Nicht jedem gefiel dies. So gab es in der Hauptstadt einen Priester, der sein Leben lang voller Eifer die Lehren des Buddha studiert hatte und eine große Zahl von Anhängern sein eigen nennen durfte. Doch mit dem Auftreten jenes Meisters schmolz diese Zahl dahin, alle wollten nur noch den Worten des Meisters lauschen. So fand sich der Priester bald allein, und er ärgerte sich sehr. Kurzerhand beschloss er, sich ebenfalls zum Meister zu begeben und mit ihm einen Wettstreit zu beginnen.

Dort angekommen, rief er: »Höre, du großer Lehrer! Ist es denn nicht so, dass alle, die dich achten, sich auch deinem Wort unterwerfen? Ich aber achte dich nicht. Und nun sage mir: Wie willst du mich dazu bewegen, dir zu gehorchen?«

Der Meister antwortete: »Komm zu mir, ich werde es dir zeigen.«

Also ging der Priester durch die Reihen der vielen Zuhörer zum Meister.

»Komm an meine linke Seite«, bat ihn der Meister.

Der Priester tat es.

»Ach nein, es ist wohl besser, du kommst zu meiner Rechten.«

Der Priester tat es.

»Nun«, lächelte der Meister, »schon gehorchst du mir.«

DER ZIEGELSTEIN

In einem Kloster in den Bergen lebte ein Meister, dem nachgesagt wurde, dass seine Fähigkeit, die Lehre des Buddha zu deuten, nirgendwo seinesgleichen fand. Unter seinen vielen Schülern war auch ein junger Mönch, der sich allen körperlichen und geistigen Übungen mit besonderem Eifer hingab. Mit großem Ernst ging er daran, den tiefsten Grund des Zen zu erkunden. Und wie es heißt, war ihm niemand in der Ausdauer gleich, mit der er sich der Meditation hingab. Dem Meister blieb all das nicht verborgen.

Eines Tages, der junge Schüler war schon seit Tagen in der Meditation versunken, begab sich der Meister zu ihm. Eine Zeit lang betrachtete er den Meditierenden, dann setzte er sich neben seinen Schüler, hob das Bruchstück eines Ziegelsteins auf und begann daran zu reiben. Unentwegt rieb er den Ziegel, musterte ihn zuweilen aufmerksam und rieb dann weiter und immer weiter. Der Tag war schon fast vergangen, und der Meister rieb noch immer, da vermochte der Schüler nicht länger zu schweigen.

»Meister«, fragte er, »was macht Ihr mit dem Ziegel?«

»Siehst du das nicht?«, gab der Meister zur Antwort. »Ich will einen Spiegel daraus machen.«

»Aber Meister«, erwiderte der Schüler, »ist es denn überhaupt möglich, aus einem Ziegelstein einen Spiegel zu machen?«

»Ist es denn überhaupt möglich, durch Meditieren die Buddhaschaft zu erlangen?«

Der Schüler war zutiefst erschüttert. Verwirrt fragte er: »Was bleibt mir denn dann noch zu tun?«

Der Meister antwortete: »Bleibt der Wagen stehen, wen trifft die Peitsche, den Wagen oder den Ochsen?«

»Den Ochsen selbstverständlich«, antwortete der Schüler.

Und in diesem Augenblick wurde der Schüler von einer tiefen Erkenntnis durchdrungen.

»Eine glänzende Perle, strahlender als Sonne und Mond, jedes Auge erleuchtet sie. Ich würde diesen Schatz jedem kostenlos schenken. Aber kaum jemand fragt danach.«

Meister Ryokan

DER WEG INS PARADIES

Ein Samurai suchte einen Meister auf und fragte: »Meister, gebt mir Auskunft! Gibt es das wirklich, Paradies und Hölle?« Der Meister musterte den Samurai. Dann erwiderte er: »Sag mir, wer du bist.«
»Ein Krieger bin ich«, antwortete der Samurai.
»Aha, ein Soldat«, entgegnete der Meister. »Doch merkwürdig. Was mag das wohl für ein Kriegsherr sein, der sich um deine Dienste bemüht. Gleicht nicht dein Antlitz dem eines niederen Bettlers?«
Erzürnt sprang der Samurai auf, griff nach seinem Schwert und wollte schon ausholen, da sprach der Meister: »Ah! Du nennst auch ein Schwert dein eigen. Doch mir scheint es zu stumpf, um mich meines Hauptes zu entledigen.« Da erstarrte der Samurai in seiner Bewegung und führte den Hieb nicht zu Ende. Der Meister sprach: »Hast du gesehen, wie sich die Tore der Hölle geöffnet haben?« Der Samurai, der plötzlich begriff, was der Meister ihm sagen wollte, steckte sein Schwert zurück in die Scheide.
»Und schon haben sich die Tore des Paradieses geöffnet«, sagte der Meister.

DIE TEESCHALE

In einem Kloster lebten zwei Brüder. Eines Tages entglitt dem jüngeren Bruder eine kostbare Teeschale und zerbrach in viele Stücke. Nun verhielt es sich so, dass die Schale ein Geschenk des Kaisers an den Meister war und daher von besonderem Wert. Ein Mönch, der alles beobachtet hatte, sagte nur: »Wehe dir, wenn der Meister zurückkehrt!« Da ergriff den jungen Mönch die Angst, und er begann zu weinen.

Sein Bruder aber sammelte die vielen Bruchstücke ein und verbarg sie im Ärmel seines Gewandes. Daraufhin ging er in den Klostergarten und wartete dort auf die Rückkehr des Meisters.

Als dieser endlich erschien, kam ihm der Mönch entgegen, verbeugte sich und fragte: »Ehrwürdiger Meister, ist es nicht so, dass alle Menschen auf dieser Welt sterben müssen?«
»Gewiss«, antwortete der Meister, »wir alle, die wir diese Welt bewohnen, sind dem Tode geweiht. Selbst der Buddha musste sterben.«

»Und wie steht es um all die anderen Lebewesen, müssen auch sie sterben?«, fragte der Mönch.

»Ganz sicher«, antwortete der Meister, »alles, was lebt, muss einmal sterben.«

»Und sagt mir, o Meister, wie steht es um die unbelebten Dinge, sind auch sie dem Vergehen unterworfen?«

»Alles, was eine Form besitzt«, antwortete der Meister, »unterliegt dem Gesetz des Vergehens.«

»Ich beginne zu begreifen«, erwiderte darauf der Mönch. »Es gibt nichts, was nicht der Vergänglichkeit preisgegeben ist. Doch sagt mir noch das eine: Wenn dem so ist, ist es dann angemessen, zu weinen oder gar darüber zu zürnen, wenn etwas seine Form verloren hat oder zersprungen ist?«

»Ganz gewiss nicht«, antwortete der Meister. »Doch sag mir endlich: Was ist das Ziel deiner vielen Fragen?«

Da ließ der Mönch die Scherben aus seinem Ärmel gleiten, reichte sie dem Meister und kehrte eilig zurück ins Kloster.

DER TUNNEL

Ein Sohn eines Samurai trat in den Dienst eines hohen Beamten. Unglücklicherweise verliebte er sich in die Frau seines Herrn, und die beiden begannen ein geheimes Verhältnis. Doch lange blieb dies nicht unentdeckt. Von seinem Herrn zur Rede gestellt und bedrängt, erschlug der Mann den Beamten und entfloh mit der Geliebten. Um sich vor seinen Verfolgern zu verbergen, war das Paar gezwungen, ein Leben als Diebe zu führen. Doch mit der Zeit fand die Frau immer mehr Gefallen daran, zu rauben und zu stehlen. Das entsetzte den Mann, und um seinem Dasein eine Wendung zu geben, beschloss er, die Frau zu verlassen und als Bettelmönch zu leben. Er zog in eine entfernte Provinz in den Bergen. Dort hörte er von einem gefährlichen Pfad, dessen Unwegsamkeit schon manchen Reisenden das Leben gekostet hatte. Um sein früheres Leben zu sühnen, begann der Mann, einen Tunnel durch den Berg zu graben, der die Benutzung des Pfades überflüssig machen sollte.

Dreißig Jahre waren vergangen, in denen der Mann tagsüber um Nahrung bettelte und des Nachts an seinem Tunnel grub. Und es war absehbar, dass noch zwei weitere Jahre vonnöten wären, das Bauwerk zu vollenden. Da erhielt der Mann besonderen Besuch. Der Sohn des getöteten Beamten hatte nach langer Suche den Mörder seines Vaters ausfindig machen können, und nun wollte er Rache nehmen und ihn töten.

»Mein Leben gehört dir«, sagte der Bettelmönch. »Doch mein Bauwerk steht kurz vor seinem Ende. Lass mich den Tunnel noch fertig graben, dann darfst du mich töten.« Der Sohn willigte ein und wartete auf den Tag seiner Rache. Die Monate zogen ins Land, und der Mönch grub noch immer an seinem Tunnel. Gelangweilt vom endlosen Warten, entschloss sich der Sohn eines Tages, den Mönch beim Graben zu unterstützen. So arbeiteten die beiden etliche Monate Seite an Seite, und der Sohn des Beamten lernte den starken Willen und die Entschlossenheit des Mönchs bewundern. Endlich waren die Arbeiten beendet. »Nun sollst du mich töten, das Werk ist beendet«, sagte der Mönch. Doch der Sohn antwortete: »Wie könnte ich es über mich bringen, meinen Lehrer zu töten?«

»Jeder hat seinen eigenen lebendigen Weg zum Himmel. Doch solange man den Weg nicht geht, gleicht man einem Betrunkenen, der den einen Weg nicht vom anderen unterscheiden kann.«

Meister Mi-an

DIE SUCHE

Angezogen vom besonderen Ruf eines Meisters, begaben sich einige junge Mönche zu ihm in sein Kloster. Doch der Empfang fiel anders aus als erwartet. Zwar wurden sie vom Meister angenommen, doch zur Meditation durften sie sich nicht zu den anderen Mönchen in die Halle gesellen, sondern sie mussten abseits am Rande des Klosters einen Patz suchen. Hier nun verbrachten sie etliche Tage und hofften, endlich vom Meister beachtet zu werden. Diese Hoffnung wurde nicht erfüllt.

Bis sich der Meister ihnen eines Morgens, während sie gerade meditierten, mit einem Eimer kalten Wassers näherte, das er ihnen über die Köpfe goss. Die Mönche waren außer sich. Sie glaubten, der Meister müsse seinen Verstand verloren haben. Und sie beschlossen, das Kloster wieder zu verlassen. Alle bis auf einen, der zu sich selbst sprach: »Ich habe die großen Mühen auf mich genommen, den langen Weg hierher zu gehen. Da wird ein bisschen kaltes Wasser es nicht verhindern, dass ich meine Suche fortsetze.«

Der Meister bemerkte dies und sprach den Mönch an: »Wie ich sehe, hast du dich nicht mit den anderen aus dem Staub gemacht. Dir scheint es also ernst damit zu sein, den Weg zu suchen.« Und so blieb der Mönch und wurde schließlich Koch des Klosters.

Der Meister führte ein strenges Regiment, was auch bedeutete, dass das Essen knapp bemessen war. Als eines Tages der Meister nicht im Kloster war, fasste der Mönch den Entschluss, endlich einmal in ausreichendem Maße für alle zu kochen. Man hatte sich gerade versammelt, um die Speisen zu sich zu nehmen, da kehrte der Meister zurück. Voller Zorn verlangte er vom Koch zu wissen, woher der all die Speisen genommen habe. Und als der Koch erwiderte, er habe nur das an Speisen herangezogen, was sich im Laufe der Zeit angesammelt hatte, schrie der Meister ihn an: »Ein Dieb bist du, sonst nichts! Verschwinde aus meinem Kloster!«

Da verließ der Mönch das Kloster, doch Tag für Tag kehrte er zurück, klopfte an der Pforte und bat den

Meister, ihn zurückkehren zu lassen. Vergebens. Das Tor blieb ihm verschlossen.

Der Mönch ging aber nicht. Er führte seine Meditationen im Klostergarten fort. Als der Meister dies bemerkte, stellte er den Mönch zur Rede und beschuldigte ihn, er habe den Garten ohne Rücksprache für seine Meditationen benutzt, er solle dafür wenigstens Miete zahlen. Als der Mönch zu verstehen gab, dass er kein Geld habe, verlangte der Meister, er solle es sich erbetteln und dann wiederkommen. Der Mönch tat, wie ihm geheißen, und als er endlich mit dem geforderten Betrag an der Pforte stand und anklopfte, öffnete ihm der Meister mit dem Worten: »Ja, es ist wahr, du suchst den Weg. Tritt ein.«

WAHRE MEDITATION

E hrwürdiger Meister«, sprach ein Mönch, »neun Jahre habe ich mich der Einsamkeit hingegeben und habe meditiert. Und heute, nach all den Jahren, kann ich sagen, dass das Schwanken meinen Geist verlassen hat. Meine Konzentration ist ungeteilt, die Flut der Gedanken ist gewichen, und mein Inneres ist erfüllt von Ruhe und Heiterkeit. Glaubt Ihr nicht auch, dass mein Weg vom Erfolg gekrönt ist?«

Der Meister aber meinte nur: »Wie beklagenswert!«

Überrascht und erschüttert von dieser Antwort, suchte der Mönch Zuflucht in seiner Kammer. Und in ihm wuchsen Zweifel an dem Meister.

Tags darauf versuchte er es erneut. »Meister«, sagte er, »lasst mich noch von weiteren Erfolgen meiner Meditation berichten. Mir ist es gelungen, die Teilung zu überwinden, Freude und Schmerz sind eins, und weder Gier noch Hass noch Unwissenheit können mir noch etwas anhaben.«

Der Meister aber meinte nur: »Wie beklagenswert!«

Erneut ergriff Erschütterung den Mönch, und nach einigen Tagen wandte er sich wieder an den Meister:

»Gestattet mir eine Frage: Ich habe bemerkt, dass meine Meditationen gut geeignet sind für den Tag. Doch sagt mir, was soll ich des Nachts tun?«

Und wieder antwortete der Meister: »Wie beklagenswert!«

»Womöglich ist es mit seiner Meisterschaft nicht weit her«, dachte sich der Mönch, »und er neidet mir meine Erfahrungen.« Wieder waren einige Tage vergangen, da erzählte er dem Meister, dass ihm auch die Hellsicht zuteil geworden sei und er in die Zukunft blicken könne. »Wie beklagenswert!«, antwortete der Meister.

Mehrere Tage verließ der Mönch nun seine Kammer nicht. Endlich aber fasste er Mut und begab sich ein weiteres Mal zum Meister. »Ehrenwerter Meister«, sagte er, »mir scheint die Zeit gekommen, dass ich mich wieder zur Meditation zurückziehen soll. Könnt Ihr mir hierfür einen Ratschlag geben?«

»Hör auf zu meditieren«, antwortete der Meister. »Geh

zurück zu deiner Klause und verweile dort drei Jahre abgeschieden von allem. Vermeide alle Meditation, und lass all dein Bemühen fallen.«

Voller Zweifel verließ der Mönch den Meister und tat, wie ihm geheißen. Im ersten Jahr fiel es ihm schwer, die Meditation zu meiden. Im zweiten Jahr erkannte er, dass seine Art des Meditierens voller Absicht war. Im dritten Jahr wich alles Denken und Handeln von ihm. Doch auch Hellsicht und Glückseligkeit verließen ihn, und in ihm erwuchs das Gefühl, die Meditation verloren zu haben.

Die drei Jahre waren vergangen, und der Mönch kehrte zurück zum Meister. Er erzählte was ihm widerfahren war, und der Meister war aufs höchste erfreut. »Endlich hast du zur wahren Meditation gefunden«, sagte der Meister.

»Versuchst du, das Zen zu jagen und es zu fangen, stolperst du daran vorbei.«

Meister Yuanwu

DIE KUNST DER ANTWORT

Eine der Aufgaben eines Zen-Meisters ist es, seine Schüler zu lehren, die rechten Worte zu finden. Hierin erkennt man eine hohe Kunst.

In einer Stadt gab es zwei Tempel, und in jedem der beiden stand ein Kind unter der Obhut eines Meisters. Eines der Kinder wurde jeden Tag zum Markt geschickt, um dort Gemüse zu kaufen. Da traf es eines Tages auf das andere Kind.
»Wohin gehst du?«, fragt das eine Kind.
»Ich folge dem Gang meiner Füße«, antwortete das andere.

Verwirrt suchte das erste Kind seinen Meister auf und bat ihn um Rat und Hilfe. Wie könne es einer solchen Antwort begegnen? Der Meister sprach: »Wenn du morgen auf deinem Weg wieder das Kind triffst, dann stelle ihm dieselbe Frage. Du wirst dieselbe Antwort erhalten wie heute. Und du wirst entgegnen: ›Wem aber folgst du, wenn du keine Füße hast?‹ Das wird das Kind verwirren.«

Tags darauf begegneten sich die beiden wieder. Und das erste Kind fragte: »Wohin gehst du?«
»Ich folge dem Wehen des Windes«, lautete die Antwort.

Und wieder war das erste Kind verwirrt und wusste nichts zu entgegnen. Es fragte den Meister um Rat. Und der antwortete: »Dann stelle folgende Frage: ›Wem folgst du, wenn kein Wind weht?‹«

Wieder war ein neuer Tag angebrochen, und wieder begegneten die beiden Kinder einander. Und das erste Kind fragte: »Wohin gehst du?«
»Zum Markt, Gemüse kaufen.«

DIE TUGENDHAFTE
SCHWIEGERTOCHTER

Eine Frau hatte schon früh ihren Mann verloren. Das Einzige, was ihr noch blieb, war ihr Sohn, den sie mit all ihrer Kraft und mit all ihrer Liebe großzog.

So wuchs er heran, und es kam die Zeit, da man an seine Verheiratung dachte. Wie es der Brauch gebot, suchten seine Verwandten eine Braut für ihn, und es dauerte nicht lange, und der junge Mann hatte eine Gattin.

Bald aber zeigte sich, dass das Herz seiner Frau eng und verschlossen war. Selbstsucht und Eigennutz regierten ihr Handeln, die eigenen Ziele standen ihr über allem, und wen sie als ihrem Treiben hinderlich erkannte, den hintertrieb sie aufs Äußerste. Niemanden traf dies mehr als ihre Schwiegermutter. Befand sich der Mann tagsüber draußen auf dem Feld, verweigerte die Frau der Schwiegermutter jegliche Nahrung, sodass diese mehr und mehr an Gewicht verlor und immer schwächer wurde.

Der Mann wusste sich nicht zu helfen. Die Feldarbeit ließ es nicht zu, dass er seiner Mutter tagsüber hätte beistehen können. Und so sann er auf eine andere Lösung.

Als er wieder einmal von der Stadt zurückkehrte, wo er die Erträge der Felder verkauft hatte, sagte er zu seiner Gattin: »Heute auf dem Markt wurde ich Zeuge, wie einige Leute ihre Mütter zum Kauf anboten. Stell dir vor, der Verkauf manch einer dieser Mütter hat ein kleines Vermögen mit sich gebracht. Allerdings galt das nur für kräftige und gut genährte Mütter. Ich glaube, auch wir sollten meine Mutter zum Kauf anbieten. Doch lass sie uns zuvor ein wenig füttern, auf dass sich ihr Verkauf wirklich lohnt.«

Das musste er seiner Frau kein zweites Mal sagen. Mit großem Eifer ging sie daran, ihrer Schwiegermutter Tag für Tag ein reichhaltiges Mahl zu bereiten, und es dauerte nicht lange, da war die alte Frau von ihrer Schwachheit genesen. Hatte sie zuvor das Haus kaum noch verlassen, sah man sie nun wieder auf der Straße spazieren. Und jedem aus der Nachbarschaft erzählte sie voller Dankbarkeit von der großherzigen Pflege, die ihr ihre

Schwiegertochter zuteil werden ließ. Schnell verbreiteten sich ihre Lobesworte, und überall war nun von der großen Liebe und Aufopferung der Schwiegertochter zu hören. Ihr guter Ruf drang bald hinaus, selbst in die entfernten Bereiche der Provinz. Und als auch der Provinzvorsteher davon erfuhr, ließ er zu Ehren der tugendhaften Schwiegertochter eine Pagode errichten.

Was zu Beginn allein aus Gier und Selbstsucht geschah, verwandelte sich im Lauf der Jahre. Die tägliche Pflege und der Dank, der ihr daraus erwuchs, veränderte das Herz der Schwiegertochter. Schon lange war die Hoffnung auf einen guten Verkaufserlös der Sorge um das Wohlergehen gewichen. Und als die Schwiegertochter von dem Bau der Pagode erfuhr, netzten Tränen der Reue ihre Augen.

»Mutig ergreifen die Weisen eine Wahrheit, sobald sie sie vernehmen.
Keinen Augenblick darfst du zögern, sonst verlierst du den Kopf.«

Meister Xuedou

DER GELEHRTE UND DER HERRSCHER

Schon seit langer Zeit wollte ein Gelehrter aus der Provinz in die Hauptstadt reisen, denn nichts lag ihm mehr am Herzen, als dem Herrscher des Landes aufzuwarten, der zudem ein entfernter Verwandter von ihm war. Einige Jahre hatte er gespart, um die kostspielige Fahrt antreten zu können, und endlich war es so weit. Nach vielen Tagen der Reise stand er vor dem Palast; da aber seine Kleidung sehr gelitten hatte und er ärmlich wirkte, ließ man ihn nicht vor den Herrscher. Die Wachen führten ihn in eine Unterkunft, die dem einfachen Gesinde vorbehalten war, und ihm wurde geheißen, er solle dort warten, bis man ihn rufe.

Nach vielen Tagen wurde er endlich zum Herrscher geführt. Unsicher schritt er vor den Thron und warf sich dem Herrscher zu Füßen. Doch der schien den Gelehrten nicht zu bemerken und beriet sich vielmehr ausgiebig mit einem Minister über diese und jene wichtige Angelegenheit des Palastes. Erneut warf sich der Gelehrte nieder, denn er hoffte, nun vom Herrscher wahrgenommen zu werden. »Schaut nur diese unverschämte

Gestalt an!«, schrie da der Herrscher unvermittelt und in einer Stärke, die die Mauern des Palastes erzittern ließ. »Zweimal wirft er sich vor mir nieder, als befände er sich vor einem aufgebahrten Leichnam!« Denn es war Sitte in jenem Land, sich vor lebendigen Menschen einmal, vor dem Buddha dreimal, vor den Toten jedoch zweimal niederzuwerfen.

Die Bestürzung am Hofe war groß. Manch einer hatte schon wegen eines weitaus geringeren Vergehens sein Leben eingebüßt. Wie würde sich der Gelehrte verhalten? Zur allgemeinen Verwunderung lächelte der nur und sagte zum Herrscher: »Edler Gebieter, da Ihr so beschäftigt wart, dass ich glauben musste, ihr habt mich nicht bemerkt, warf ich mich zweimal vor Euch nieder. Das erste Mal sollte Eurer Begrüßung dienen. Mit dem zweiten Mal wollte ich mich von Euch verabschieden. Warum also habe ich Euren Zorn erweckt?« Und bevor der Herrscher noch antworten konnte, fügte der Gelehrte hinzu: »Da ich das getan habe, möchte ich mich nun von Euch entfernen. Gehabt Euch wohl!« Und schon war aus dem Palast verschwunden.

Der Herrscher, der zunächst nicht wusste, wie ihm geschah, schickte die Wachen, den Gelehrten zurückzuholen. Bald stand der Gelehrte wieder vor dem Thron und verbeugte sich ein weiteres Mal. Argwöhnisch betrachtete der Herrscher den Gelehrten: »Wie kannst du glauben, ich hätte nicht bemerkt, dass du dich zweimal verbeugt hast? Und wie kannst du glauben, du könntest dich mit einer solchen Schwindelei meinem Zorn entziehen? – Und doch ... Ich muss anerkennen, dass du Mut und einen kühlen Kopf bewiesen hast. So will ich dich als Ausbilder meiner Soldaten in deiner Provinz einsetzen.«

Man erzählt, der Gelehrte habe diese Aufgabe mit größter Sorgfalt auf sich genommen.

»Gleich einer ziehenden Wolke,
Durch nichts gebunden:
Ich lasse einfach los,
Gebe mich
In die Launen des Windes.«

Meister Ryokan

DER DIEB

Wieder einmal hatte der Meister seine Schüler aus allen Teilen des Landes aufgerufen, zu ihm zu kommen und gemeinsam mit ihm zu meditieren. Doch wurde ihre Einkehr jäh gestört: Ein Schüler war auf frischer Tat beim Diebstahl ertappt worden. Der Meister wurde gerufen, und die Schüler baten ihn, den Dieb aus ihrem Kreis zu verweisen. Doch der Meister überging die Bitte. Dies verärgerte die Schüler, und sie taten sich zusammen und entwarfen ein Schreiben, in dem sie die Aussonderung des Diebes forderten. Andernfalls würden sie alle gemeinsam das Treffen verlassen. Dem Meister wurde das Schreiben vorgelegt, und wenig später rief er alle zu sich. »Ich bin mir gewiss«, begann er, »dass ich weise Schüler um mich versammelt habe. Und ich glaube, dass ihr zu unterscheiden wisst zwischen Recht und Unrecht. Daher wird es am besten sein, ihr verlasst mich jetzt, denn ich kann euch nichts mehr lehren. Dieser eine Schüler aber bedarf meiner Unterweisung, denn er kennt diesen Unterschied noch nicht. Daher soll er bei mir bleiben.«

Tränen flossen aus den Augen des Diebes.

DER MITTAGSSCHLAF

Von einem Zen-Meister wird erzählt, dass er selbst im Hochsommer, wenn seine Schüler ein Mittagsschläfchen hielten, wachte und sich seinen Studien hingab.

Weiter erzählt man sich, dass er sich bereits als zwölfjähriger Schüler den Spekulationen der Philosophie hingegeben hatte. Eines Tages, es war Sommer, und die Mittagshitze drang durch alle Ritzen des Klosters, und die Luft war feucht und schwer, übermannte ihn die Müdigkeit. Da sein Lehrer außer Haus war, streckte er sich auf der Türschwelle hin, um ein kurzes Nickerchen zu halten. Drei Stunden später erwachte er und hörte, wie sein Lehrer eintrat.

»Ich bitte vielmals um Verzeihung«, hörte er den Lehrer sagen, als der über ihn stieg, um den Raum zu betreten. »Ich bitte vielmals um Verzeihung.«

Seither hat er niemals mehr am Mittag geschlafen.

»SO?«

In einer entfernten Provinz lebte ein Zen-Meister. Die Bewohner des Dorfes begegneten ihm mit größter Hochachtung, und seine Nachbarn rühmten ihn sehr. Zu diesen Nachbarn zählten auch ein Krämer und seine Frau. Sie hatten eine schöne Tochter, die als der ganze Stolz der Familie galt. Eines Tages aber mussten die Eltern bemerken, dass ihre Tochter schwanger war. Die Eltern waren bestürzt, und sie bedrängten das Mädchen, den Namen des Vaters preiszugeben. Nach langem Zögern brach die Tochter endlich ihr Schweigen und erklärte, der Zen-Meister sei der Vater. Erbost und voller Zorn stellten die Eltern den Meister zur Rede. Doch alles, was der darauf antwortete, war: »So?«

Das Kind kam zur Welt, und man brachte es dem Meister mit der Botschaft, an ihm sei es, das Kind aufzuziehen. Schnell hatte sich im Dorf die vermeintliche Vaterschaft herumgesprochen, und der Meister, einstmals verehrt und gepriesen, war nun das Ziel von Hohn und Spott. Den Meister aber kümmerte das nicht. Seine Sorge galt allein dem Kind.

Ein Jahr war ins Land gezogen, da konnte die Krämers-
tochter nicht länger die Wahrheit verschweigen. Nicht
der Zen-Meister sei der Vater des Kindes, erzählte sie
ihren Eltern, sondern ein junger Mann, den sie auf dem
Markt kennengelernt habe.

Die Eltern waren aufs tiefste erschüttert. Wieder suchten
sie den Zen-Meister auf und baten ihn wegen der fal-
schen Anschuldigung tausendmal um Verzeihung. Und
sie fragten ihn, ob er ihnen das Kind wiedergeben wolle.

Ohne zu zögern willigte der Meister ein. Und alles, was
er sagte, da er ihnen das Kind überreichte, war: »So?«

» Immer über Zen zu reden —
das ist, als suchte man nach
der Fährte von Fischen im
ausgetrockneten Flussbett.«

Meister Wuzu

DAS SCHWEIGEN

Ein Schüler fragte den Meister: »Zu jener Zeit, da der erste Patriarch von Indien nach China gekommen war, soll er neun Jahre mit dem Gesicht zu einer Wand gesessen haben. Welche Botschaft verbirgt sich hinter dieser Geschichte?«

Der Meister: »Er war Inder und konnte kein Chinesisch.«

DER WEG ZUR FREIHEIT

In einer alten Klause in den Bergen, ganz in der Nähe eines kleinen Dorfes, lebte ein alter Mönch. Als einem Jungen aus dem Dorf Vater und Mutter starben, nahm der Mönch ihn bei sich auf, kümmerte sich liebevoll um ihn und setzte alles daran, den Jungen großzuziehen. Doch das Schicksal meinte es nicht gut mit dem Jungen. Er wurde krank und starb, obwohl sich der Mönch jede nur erdenkliche Mühe gab, ihn zu retten. Daraufhin wich der Verstand aus dem Kopf des Mönchs. Nachdem er Tage und Nächte über den Leichnam des Jungen geweint hatte, aß er ihn schließlich auf.

Und damit nicht genug. Seither begab er sich im Schutze der Dunkelheit immer wieder ins Dorf, um dort der Toten habhaft zu werden, die noch nicht bestattet waren, und sie zu verspeisen. Angst und Schrecken verbreiteten sich im Dorf, und man glaubte, der Mönch habe sich in einen Dämon verwandelt. Niemanden gab es, der es wagte, sich dem Alten in den Weg zu stellen.

Eines Tages besuchte ein Zen-Meister das Dorf. Bald schon erzählte man ihm die Geschichte des Mönchs, und der Meister beschloss, dem Treiben ein Ende zu bereiten. Er begab sich zur Klause und wurde freundlich von dem Mönch empfangen. »Es ist schon spät«, sagte schließlich der Meister, »darf ich in Eurer Klause übernachten?« Der Alte willigte ein, zeigte dem Meister einen Platz für sein Lager, und der Meister bedankte sich und zog sich zur Meditation zurück.

Als die Nacht weit fortgeschritten war, schlich der Mönch zum Lagerplatz des Meisters. Denn er wollte ihn umbringen und verspeisen. Aber so sehr er ihn auch suchte, er konnte ihn nicht finden. Als er tags darauf das Lager des Meisters erneut aufsuchte, fand er ihn. Und er warf sich vor ihm nieder und sagte: »Meister, Ihr seid ein Buddha. Könnt Ihr mich die Wahrheit lehren, die mir den Weg zur Freiheit weist?« Der Meister bat ihn darauf, über folgenden Vers zu meditieren:

Im Fluss der Widerschein des Mondes
Wind in den Pinien, frisch und rein
Spross einer langen, friedvollen Nacht
Nenne den Grund

Ein Jahr war vergangen, als der Meister zur Klause zurückkehrte. Unkraut wucherte überall, das Mauerwerk bröckelte, und die Klause schien verlassen. Des Abends aber war eine Stimme zu vernehmen, die leise eben jene Verse wiedergab, die der Meister dem Mönch genannt hatte. Der Meister folgte der Stimme und fand schließlich eine leblose Gestalt im Gras. Nur noch Gebeine und Reste einer Kutte zeugten von dem länger schon verschiedenen Mönch.

Die Klause wurde berühmt als Ort, der zum Weg zur Freiheit führt.

DIE LATERNE

Ein Blinder hatte einen Freund besucht, und die beiden hatten sich lange unterhalten. Als die Nacht schon fortgeschritten war, da meinte der Blinde, er müsse sich aufmachen, um nach Hause zu gehen. Sein Freund wollte ihm für den Weg eine Laterne geben.

»Warum sollte ich eine Laterne mit mir tragen? Bei mir herrscht beständig Nacht, die Laterne wird mir nicht helfen.«

Der Freund antwortete: »Dass dir die Laterne nicht hilft, um deinen Weg zu finden, das weiß ich. Aber ihr Licht kann verhindern, dass jemand dich übersieht und gegen dich läuft.«

Also ergriff der Blinde die Laterne und begab sich auf seinen Weg. Kaum war er einige Schritte gegangen, stieß jemand gegen ihn, und um ein Haar wäre er gestürzt.

Da rief der Blinde: »He, pass doch auf, wo du hinläufst! Hast du nicht den Schein meiner Laterne gesehen?«

»Wie kann ich deine Laterne sehen«, hörte er den anderen antworten, »wenn die Kerze nicht brennt?«

DER GLÜCKLICHE CHINESE

In manchen Städten kann man sie noch heute auf den Straßen sehen, Statuen, die einen dicken Mann darstellen, der einen Sack trägt. Fragt man herum, dann wird man hören, dass dies der glückliche Chinese sei. Einige nennen ihn auch den lachenden Buddha.

Der Mann, der diesen Statuen seine Gestalt lieh, lebte zur Zeit der Tang-Dynastie. Und obwohl er ein weiser Mann war, wollte er sich nicht als Meister genannt wissen oder Schüler um sich scharen.

Viel lieber war es ihm, wenn er mit einem großen Sack durch die Straßen ziehen konnte, in dem sich Zucker, Früchte oder Backwerk befanden. Denn jedes Mal versammelten sich viele Kinder um ihn herum, und denen schenkte er dann all die Leckereien.

Immer, wenn er einem Zen-Schüler über den Weg lief, streckte er ihm die Hand entgegen und sagte: »Gib mir eine Münze.«

Hin und wieder kam es vor, dass man ihn zu bewegen suchte, in den Tempel zu kommen und dort die Schüler zu unterweisen. Seine Antwort lautete dann: »Gib mir eine Münze.«

Eines Tages, als er wieder einmal durch die Straßen zog, traf er auf einen Zen-Meister.

Und als dieser seiner ansichtig ward, wollte er wissen: »Sag mir, was ist die Bedeutung des Zen?«

Ohne zu zögern ließ der glückliche Chinese seinen Sack auf die Straße fallen.

»Nun denn«, erwiderte der Meister, »was ist das Sinnbild des Zen?«

Der glückliche Chinese hob den Sack auf, schwang ihn über die Schulter und zog seines Weges.

»Wie schmerzlich doch,
Menschen zu sehen,
so völlig verstrickt
in sich selbst.«

Meister Ryokan

MEISTER VOGELNEST

Es lebte einmal ein Zen-Meister, den man nur als Meister Vogelnest kannte. Diesen Namen verdankte er seiner Angewohnheit, sich zur Meditation in die Äste einer Kiefer zu setzen.

Während er wieder einmal in seiner Kiefer saß, wurde Meister Vogelnest eines Tages von einem Dichter besucht. Als dieser den Meister in den Ästen erblickte, erschrak er und rief besorgt: »Meister, passt auf, dass Ihr nicht vom Baum herabfallt.«

Der Meister antwortete: »Nur keine Sorge! Was ich tue, ist nicht gefährlich. Denn wenn ich hier oben sitze und meditiere, ist mein Geist von jeglicher Beunruhigung oder Erwartung befreit. Ihr aber, so scheint mir, lebt weit gefährlicher als ich. Denn Euer Geist ist gefangen von Unruhe und der Macht der Leidenschaften. Die allerkleinste Begebenheit kann Euer Inneres erschüttern.«

Der Dichter war von diesen Worten sehr berührt. Er wollte mehr erfahren, und so fragte er den Meister: »Was ist der Kern der Lehren Buddhas?«

Darauf der Meister: »Nichts, was ist, ist ohne Ursache.

Handle deshalb niemals schlecht, sondern stets gut. Und zügle deinen Geist vollständig.«

Der Dichter staunte: »Was Ihr mir sagt, klingt äußerst einfach, so einfach, dass sogar ein kleines Kind es begreifen könnte.«

»Jeder kann es begreifen«, sagte der Meister, »doch die wenigsten verwandeln dieses Wissen in die Tat.«

DIE GABE

In früheren Zeiten war es bei den Mönchen Brauch, durch die Straßen zu ziehen, an den Haustüren zu klopfen und um milde Gaben zu bitten. Ein junger Mönch, der in jenen Tagen von Haus zu Haus ging, fand sich vor einer Hütte wieder, deren Aussehen von einer solchen Armut zeugte, dass er beschloss, seine Bitte hier nicht zu äußern, sondern schnell weiter zum nächsten Haus zu eilen. Gerade wollte er fortgehen, da öffnete sich die Tür, und ein Mann trat heraus und verneigte sich vor dem Mönch. Doch obgleich der Mönch zu verstehen gab, er bedürfe nichts, wollte es sich der Mann nicht nehmen lassen, dem Mönch etwas mit auf den Weg zu geben. »Ich bin sehr arm«, sagte der Mann, »aber vor einigen Tagen erhielt ich als Lohn etwas Reis, woraus ich mir einen Brei bereitet habe. Wenn Ihr damit einverstanden seid, möchte ich den Brei mit Euch teilen. Erweist mir doch die Ehre und tretet ein.«

In der Hütte erblickte der Mönch die Schale Reisbrei, und ihm wurde klar, dass der Mann sie gerade bereitgestellt hatte, um davon zu essen. Der Mann aber beteuerte, er habe bereits gespeist, und der Mönch solle die Gabe annehmen.

Nachdem er den Reisbrei gegessen hatte, wollte der Mönch die gute Tat vergelten. Also nahm er eine Trage und bestieg den nahegelegenen Berg, um für den Mann etwas Brennholz zu sammeln. Außer dem Reisbrei hatte er an diesem Tag noch nichts gegessen, und je mehr Holz er gesammelt hatte, umso schwerer drückte die Last auf seinen Schultern. Die Kraft schwand aus seinen Gliedern, und der Weg zum Haus des armen Mannes wurde lang und länger.

Gerade wollte er um eine Wegbiegung biegen, da stellte sich ihm jemand in den Weg. Der Mönch blickte auf und erkannte seinen Meister. »Was hast du mit dem Holz zu schaffen, wohin bringst du es?«, fragte der Meister. Der Mönch erzählte, was sich zugetragen hatte. Doch kaum hatte er begonnen, da schlug ihn sein Meister heftig mit dem Stab und rief: »Du Narr! Und du willst jemand sein, der die ganze Welt retten will?«

Der Schlag hatte den Mönch so hart getroffen, dass er zu Boden stürzte und einen Abhang hinab rollte. Das Holz fiel aus der Trage. Gerade wollte er sich erheben, da hörte er schon wieder die Stimme seines Meisters: »Hättest du die Kraft des Ursprungs, dann könntest du wahrlich geben. Du aber ziehst eine Trage Brennholz vor! Sag mir: Was wird davon bleiben? Das soll eine Opfergabe sein?«

Da wurde der Mönch seines Irrtums gewahr. Die Schmerzen, die ihm der Schlag bereitet hatte, waren im Nu vergessen. Er sprang auf und eilte zum Haus des armen Mannes, um sich bei ihm zu bedanken.

DIE JAGD DES LEBENS

Folgende Geschichte wird erzählt: Ein Reisender durchquerte eine Berggegend. Plötzlich musste er mit Schrecken bemerken, dass er von einem hungrigen Tiger verfolgt wurde. Der Mann rannte um sein Leben, stürzte über eine Böschung und drohte von einem Abgrund verschlungen zu werden. Glücklicherweise bekam er die Wurzel eines Weinstocks zu fassen, die ihn vor seinem jähen Ende bewahrte. Doch was war gewonnen? Blickte er nach oben, sah er die scharfen Zähne des Tigers. Blickte er nach unten, gähnte ein tödlicher Abgrund. Nur die Wurzel, an die er sich klammerte, bot ihm Rettung. Da musste er bemerken, wie eine weiße und eine schwarze Maus sich daranmachten, die Wurzel anzunagen und sie Faser für Faser aufzufressen. Zugleich aber sah er neben der Wurzel eine Erdbeerpflanze mit ihren roten Früchten. Und während er sich mit der einen Hand an die Wurzel klammerte, an der die Mäuse unentwegt ihr Werk vollführten, pflückte er mit der anderen die Beeren, die so wunderbar und süß schmeckten.

ZWEI LEHRER

Zwei Lehrer lebten in der Hauptstadt, die in ihrer Wesensart kaum unterschiedlicher hätten sein können. Der eine von ihnen setzte alles daran, sich aufs Genaueste an die Regeln des Buddha zu halten. Ganz anders der zweite Lehrer. Ihn kümmerte keine Uhrzeit. Hatte er Hunger, so aß er, verspürte er Müdigkeit, so legte er sich hin, um zu schlafen, ganz gleich, wie weit der Tag vorangeschritten war. Eines Tages begab es sich, dass der Erstere seinem Kollegen einen Besuch abstattete und ihn dabei antraf, wie der gerade ein Glas Wein trank. »Wie schön, dich zu sehen«, rief der Zweite, »möchtest du nicht auch ein Glas zu dir nehmen?« – »Niemals«, rief darauf der strenge Lehrer, »weißt du denn nicht, dass die Regeln des Buddha den Genuss von Alkohol verbieten?« – »Aber wer nicht trinkt, der ist kein Mensch«, erwiderte der andere. »Dann bin ich also kein Mensch?«, rief der Erstere ärgerlich. »Willst du das behaupten? Und wenn ich kein Mensch bin, was bin ich dann?«

»Ein Buddha.«

»Aus der Verblendung und dem Zweifel helfen selbst tausend heilige Schriften nicht heraus. Beginnst du aber zu begreifen, ist ein Wort schon zu viel.«

Meister Fenyang

EIN TAUSENDFÜSSLER

Folgende Geschichte erzählt man sich: Ein Fuchs traf eines Tages auf einen Tausendfüßler. Gebannt beobachtete er, wie elegant und mühelos der Tausendfüßler sich fortbewegte. Und er stellte sich ihm in den Weg und rief: »Wie schaffst du es, so schnell zu laufen, ohne mit deinen vielen Beinen durcheinander zu geraten? Mal läufst du langsamer, mal schneller, mal drehst du dich, mal hältst du an, und das alles mit so vielen Beinen. Ich kann es nicht begreifen.«

Der Tausendfüßler schaute dem Fuchs erstaunt ins Gesicht, dann blickte er auf seine Beine, und er konnte gar nicht anders, er musste dem Fuchs recht geben: »In der Tat, man kann das kaum begreifen.«

Doch als der Tausendfüßler weiterlaufen wollte, stolperte er über die eigenen Beine. Er versuchte es erneut, und wieder stolperte er. Seither ist dem Tausendfüßler kein einziger Schritt mehr gelungen.

DER NACHFOLGER

Mein Leben neigt sich dem Ende zu«, sagte der Meister zu seinem Schüler, »und es wird Zeit, dass ich einen Nachfolger finde. Du bist der einzige unter meinen Schülern, dem ich diese Bürde auferlegen kann. Deshalb will ich dir dieses Buch überreichen, das ich von meinem Meister erhielt, der es von seinem Meister erhalten hatte und so fort über sieben Generationen hin. Jeder hat bedeutende Gedanken darin niedergeschrieben, und auch ich durfte so manch eine Seite füllen. Bewahre es gut auf, es ist das Zeichen deiner Nachfolge.«

»Wenn Ihr dem Buch so viel Wert beimesst, wird es am besten sein, Ihr lasst es bei Euch«, antwortete der Schüler. »Ihr lehrtet mich Zen ohne Buchstaben, und mir ist das so recht.«

»Ich weiß, wie ich dich unterwies«, antwortete der Meister. »Und dennoch solltest du bedenken, dass dieses Buch über viele Generationen hinweg von einem Meister zum nächsten wechselte und ein Sinnbild davon ist, dass du in der Nachfolge ihrer Lehren stehst. Nimm also das Buch in deine Obhut.«

Der Meister überreichte dem Schüler das Buch, doch der, kaum hielt er es in Händen, hatte es auch schon in ein Becken voller glühender Kohlen geworfen, das die Kammer erwärmen sollte.

Der Meister, der niemals zuvor wütend gesehen worden war, schrie voller Zorn: »Was hast du getan!«

»Was hast du gesagt!«, schrie der Schüler zurück.

DIE ERKENNTNIS

In einem Kloster lebte ein Meister, dessen Weisheit und Einsicht gepriesen wurden, und von nah und fern strömten Mönche herbei, um sich von ihm unterweisen zu lassen. Doch nicht nur Mönche kamen in das Kloster, auch einfache Leute suchten hier ihr Glück, da sie hofften, ihre Nöte dem Buddha vortragen und mittels Zeremonien ihre Angehörigen unterstützen zu können. Zuweilen war es auch nur die Anwesenheit des Meisters, die sie suchten und von der sie sich Heil versprachen.

Das Kloster füllte sich von Tag zu Tag mehr, und die Mönche kamen gar nicht nach, all die Menschen mit Nahrung zu versorgen und sich darum zu kümmern, dass die Zeremonien tatsächlich abgehalten werden konnten.

Die Stille war dahin und das Kloster kein Ort mehr, der Versenkung und Zurückgezogenheit versprach. Und so breitete sich Unmut bei manch einem Mönch aus. Einer der Mönche fasste sich ein Herz und ging zum Meister und sprach: »Meister, es ist laut geworden, und Unruhe

macht sich breit. Ich finde keine Möglichkeit der Einkehr mehr, sodass ich beschlossen habe, mich in die Berge zu begeben, um dort in Einsamkeit zu meditieren.«
Aufmerksam hatte der Meister den Worten gelauscht. Und er antwortete: »Tu das, was du dir vorgenommen hast.«

Und nach einer kurzen Pause sprach er weiter: »Aber wenn du gehst, dann vermeide es, die Erde zu berühren. Und wenn der Durst dich übermannt, trinke nicht. Willst du dir eine Hütte errichten, dann achte darauf, keinen Baum zu fällen. Und wenn du Hunger verspürst, iss nichts, was andere angebaut haben. Bedarfst du neuer Kleidung, dann meide den Stoff, den andere gewebt haben. Kannst du all diese Bedingungen erfüllen, dann steht deinem Fortgehen nichts im Wege.«

Der Schüler wusste nicht, wie ihm geschah. Wie sollte es möglich sein, diese Bedingungen zu erfüllen? Stumm zog er sich zurück und versuchte die Bedeutung der Worte des Meisters zu ergründen. Solange ihm das nicht gelang, das war ihm klar, konnte er das Kloster nicht verlassen.

Und so kam es, dass er seine Arbeiten wieder aufnahm und sich um all die vielen Besucher kümmerte und darum, dass das Leben im Kloster weitergehen konnte. Und mit jedem neuen Tag, den er seiner Arbeit widmete, erschlossen sich ihm die Worte des Meisters mehr, und er begriff, dass ein Leben ohne andere Wesen nicht möglich ist und dass es der gegenseitigen Unterstützung bedarf, um in der Welt bestehen zu können. Mehr noch: Er begriff, dass es keinen Gegensatz zwischen ihm und den anderen gab, dass der Schmerz der anderen sein eigener Schmerz war und dass das Leben eine große Einheit bildet.

»Ich kenne Schüler des Zen, die sich in Ketten gefesselt einem Meister unterwerfen, der sie mit weiteren Ketten fesselt. Und die Schüler sind begeistert. Ein Gast betrachtet den anderen.«

Meister Linji

DER DIENER DER DECKE

Ein hoher Beamter des Kaisers wurde seines Lebens am Hofe überdrüssig. Die Genüsse und Ehren, die ihm sein Leben bot, sagten ihm nichts mehr, und er zog sich von all seinen Ämtern zurück und beschloss, sein Leben von da an als Mönch zu fristen. Man hatte ihm von einem berühmten Zen-Meister erzählt, von allen nur Meister Vogelnest genannt, da er wie ein Vogel in den Ästen einer Kiefer lebte. Und so machte sich der Mönch auf, um sich von Meister Vogelnest unterweisen zu lassen.

Doch der Mönch musste erfahren, dass der Meister sich weigerte, ihn zu unterweisen. So sehr er auch darum bat, der Meister nahm ihn nicht als Schüler an. Da beschloss er, dem Meister dennoch zu dienen. Und er nutzte die Zeit, um jeden Tag aufs Neue den Meister um seine Unterweisung zu bitten, was ihm stets verweigert wurde, Tag für Tag und Jahr auf Jahr. Als sechzehn Jahre vergangen waren, ohne dass seiner Bitte nachgekommen wäre, beschloss er, den Meister zu verlassen.

Der Mönch packte sein Bündel und wollte sich eben aufmachen, da fragte ihn der Meister: »Wohin willst du gehen?« Der Mönch antwortete: »Dorthin, wo man mich den Weg des Buddha lehrt.« Darauf der Meister: »Den Weg des Buddha? Davon verstehe ich ein wenig.« Und er stieg von seinem Baum herab, nahm die Decke, auf der er immer zu sitzen pflegte, und schüttelte sie vor den Augen des Mönchs aus. In diesem Augenblick erlangte der Mönch das völlige Erwachen. Noch viele Jahre diente er dem Meister Vogelnest. Als der gestorben war, wurde er selbst ein berühmter Meister, den man landauf, landab den Diener der Decke nannte.

DER GEIST

Ein junges Paar hatte geheiratet und wenige Monate des gemeinsamen Glücks genossen, da betrat der Tod ihr Haus. Die Frau wurde von einer schweren Krankheit heimgesucht, und bald schon lag sie auf dem Sterbebett. »Meine Liebe zu dir ist so groß«, sprach sie zu ihrem Mann, »dass ich dich nie verlassen werde. Ich bitte dich, nach meinem Tod keine andere Frau zu nehmen. Tust du es doch, so wird mein Geist dir erscheinen und dir dein Leben zur Qual werden lassen.«

Die Frau verschied, und der Mann nahm sich vor, ihrem Willen zu gehorchen. Doch nach einigen Monaten traf er auf eine andere Frau, in die er sich verliebte, und die beiden beschlossen, einander zu heiraten.

Kaum war die Verlobung begangen, da erschien dem Mann Nacht für Nacht der Geist seiner verstorbenen Frau und warf ihm das gebrochene Versprechen vor. Und der Geist wusste, wie er dem Mann das Leben vergällen konnte. Bis ins Kleinste konnte er berichten, welche Geschenke der Mann seiner Verlobten gemacht, welche Liebkosungen die beiden gewechselt und welche

Gespräche sie miteinander geführt hatten. Und es gab keine Nacht, in der der Geist dem Mann nicht den Schlaf geraubt hätte.

Der Mann wurde blasser und blasser, seine Kräfte schwanden, und er verzweifelte und wusste sich keinen Rat. Da sagte man ihm, er solle zu einem Zen-Meister gehen, der ganz in der Nähe des Dorfes in einer Einsiedelei lebte.

Als der Meister sich alles hatte erzählen lassen, antwortete er: »Der Geist deiner einstigen Frau ist sehr klug und weise. Er verfolgt jeden eurer Schritte und kennt alle eure Gespräche und Taten. Wenn der Geist dir wieder erscheint, sollst du ihn zu einem Handel drängen. Schmeichle ihm zunächst und bewundere seine Allwissenheit. Dann aber biete ihm an, dein Verlöbnis zu lösen, wenn er dir eine bestimmte Fragen beantworten kann.« »Und welche Frage soll das sein?«, wollte der Mann wissen. »Stelle einen Sack Bohnen bereit, greife hinein und hole eine Handvoll heraus. Dann frage den Geist, wie viele Bohnen es sind, die du in der Hand hältst. Kennt der

Geist die Antwort nicht, dann ist es ausgemacht, dass er nur ein Kind deiner Einbildung ist, und er wird ver-schwinden.«

Die Nacht brach an, und der Geist erschien. Da pries der Mann das große Wissen des Geistes, das wohl uner-messlich sei. »So ist es«, sprach der Geist. »So weiß ich etwa, dass du heute den Zen-Meister aufgesucht hast.« »Wenn du auch das weißt, dann habe ich eine Frage. Kannst du sie beantworten, so verlasse ich meine Ver-lobte und werde hinfort alleine leben.«

Der Geist willigte ein, und der Mann griff in den Sack Bohnen und fragte, wie viele Bohnen er in der Hand hielt. Doch kaum war die Frage ausgesprochen, war der Geist verschwunden.

»Wenn jemand
Nach meinem Wohnsitz fragt,
Antworte ich:
›Am östlichen Rand
Der Milchstraße.‹«

Meister Ryoka

TIEFES GLÜCK

Ein Meister, der hohen Ruhm wegen seiner Kunst der Kalligraphie genoss, erhielt Besuch von einem reichen Mann. Der bat den Meister, etwas aufzuschreiben, was er nutzen könne, um das Glück seiner Familie zu festigen, und das die eine Generation der folgenden weiterreichen solle.

Der Meister willigte ein, zog ein großes Papier hervor und schrieb: »Vater stirbt. Sohn stirbt. Enkel stirbt.«

Der Mann war entsetzt. »Habe ich Euch nicht gebeten, etwas zu schreiben, das dem Glück meiner Familie dient? Wollt Ihr Euch über mich lustig machen?«

Der Meister entgegnete: »Ich bin weit entfernt davon. Bedenke vielmehr: Würde dein Sohn vor dir sterben, welchen Kummer würdest du empfinden. Und würde dein Enkel gar noch vor dir und deinem Sohn verscheiden, das Herz würde euch brechen. Folgt aber die eine Generation der anderen in den Tod, so entspricht das dem Ablauf des Lebens, so wie die Natur das vorgesehen hat. Und darin liegt ein tiefes Glück.«

DER TRAUM DES GENERALS

Es war ein merkwürdiger Traum gewesen, von dem sich ein General eines Nachts bedrängt fühlte. Darin erschien ihm eine große Schar schwarzer Krähen, die mit einem lauten Kra-Kra sein Haus umkreisten. Zugleich zerbrach ein großer Spiegel in tausend Stücke, die Blumen, die eben noch im Garten vor dem Haus geblüht hatten, waren plötzlich verwelkt, und am Hoftor hing eine Vogelscheuche an einem Strick, und der Wind ließ sie hin und her baumeln.

Schweißgebadet erwachte der General. Niemals, so meinte er sich zu entsinnen, hatte er derart Bedrohliches geträumt. Und in ihm festigte sich die Gewissheit, dass dieser Traum ein böses Omen war. Doch wie war er auszulegen? Welche Bedeutung verbarg sich hinter ihm? Um das herauszufinden, suchte er seinen einstigen Lehrer, einen Zen-Meister, auf. Dem erzählte er den Traum und fragte ihn dann, mit welchem Unheil er zu rechnen habe und wie er es verhindern könne.

Nachdem sich der Meister alles angehört hatte, wiegte er den Kopf, dann begann er laut zu lachen. »Du willst also wissen, was sich hinter deinem Traum verbirgt?«, fragte er den General. Und er begann: »Kra – dieses alte Wort brauchte man früher, um damit den Palast zu bezeichnen. Dass das Rufen der Krähen so laut erscholl, steht dafür, dass dieser Palast sehr groß sein wird. Wenn ein Spiegel zerbricht, dann gleicht das Geräusch, das dabei entsteht, dem einer großen Ansammlung von Menschen. Und in jedem der tausend Stücke spiegelt sich dein Gesicht. Was das bedeutet? Nichts anderes, als dass die Menschen dich als König wünschen. Dann sind da noch die Blumen, die so schnell dahin welkten. Dies bedeutet, dass deine Mühen bald durch Früchte belohnt werden. Und die Vogelscheuche heißt nichts anderes, als dass die Menschen unseres Landes voller Bewunderung zu dir aufsehen werden.«

Die Furcht war aus den Gliedern des Generals gewichen und hatte einer unendlichen Erleichterung und Zuversicht Platz gemacht.

Und wie man weiß, wurde der General bald darauf König des Landes und Begründer einer Dynastie, die über fünfhundert Jahre das Land regierte.

EIN STUMMES GESPRÄCH

Befindet sich ein Mönch auf Wanderschaft, darf er um Unterkunft in einem Zen-Tempel bitten, wenn er die Bewohner des Tempels in ein Streitgespräch über die Lehre des Buddha verwickelt hat und aus diesem Gespräch als Sieger hervorgegangen ist. Wird er selbst besiegt, bleiben ihm die Tore des Tempels verschlossen.

Zwei Brüder bewohnten einen Tempel im Norden des Landes. Der ältere Bruder galt als klug und in der Lehre des Buddha wohlbewandert. Dem jüngeren hingegen wurde Dummheit nachgesagt. Und als wäre das noch nicht Strafe genug, fehlte ihm auch noch ein Auge.

Eines Tages suchte ein wandernder Mönch den Tempel auf. Da der Tag vorangeschritten war und er einen Schlafplatz benötigte, forderte er die beiden Brüder, wie es der Brauch gebot, zu einem Disput über die tiefe Lehre des Buddha heraus. Der ältere Bruder hatte die Nächte zuvor mit dem Studium verbracht und war sehr müde. Deswegen bat er seinen Bruder, das Streitgespräch mit dem Mönch zu führen. »Bitte darum, dass ihr den

Disput ohne Worte führt«, gab er seinem Bruder noch mit auf den Weg.

Einige Zeit war vergangen, da kam der Mönch zum Älteren der Brüder und sagte: »Was für ein kluger Kopf dein Bruder doch ist. Er trug den Sieg davon, und ich muss weiterziehen.«

Verwundert hob der Ältere den Kopf: »Berichte mir doch, wie euer Gespräch verlaufen ist.«

»Zunächst«, begann der Mönch, »hielt ich einen Finger in die Luft, der für Buddha, den Erleuchteten, stand. Dein Bruder antwortete, indem er zwei Finger erhob, womit er auf Buddha und auf seine Lehre verwies. Dem wollte ich entgegnen, und ich streckte drei Finger aus, womit ich hindeutete auf Buddha, seine Lehre und auf die Vielzahl seiner Anhänger. Aber dein Bruder ließ sich nicht lumpen. Er ballte seine Faust und stieß sie mir ins Gesicht. Was nichts anderes bedeutete, als dass alle drei Spross eines Einzigen sind. Was soll ich sagen? Er hat gewonnen, und ich muss meines Weges ziehen.« Worauf der Mönch sich verabschiedete und den Tempel verließ.

»Wo ist der verdammte Mönch?«, erscholl in diesem Augenblick die Stimme des jüngeren Bruders, der außer Atem heraneilte. »Ich will ihm eine ordentliche Tracht Prügel verpassen!«

»Was ist los?«, fragte der Ältere. »Du hast doch den Wettstreit gewonnen?«

»Gewonnen? Wo denkst du hin?«, erwiderte der Bruder. »Kaum saßen wir beieinander, erhob er einen Finger, als wüsste ich nicht allzu gut, dass ich nur ein Auge habe. Ich wollte höflich bleiben, streckte zwei Finger aus, um ihn zu seinen beiden Augen zu beglückwünschen. Was tut der Bursche? Hält drei Finger in die Luft, um mir noch einmal deutlich zu machen, dass wir zusammen nur drei Augen haben. Ich werde zornig, will ihm eine verpassen, da springt der Kerl auf und rennt davon.«

»Viele kluge Köpfe gibt es,
die sich mit Zen beschäftigen,
um darüber zu reden. Doch
ein solches Zen steigert nur
die Selbstsucht.«

Meister Yuanwu

DER JÄGER

Einen Jäger, der eine tiefe Abscheu vor den Mönchen und ihren Lehren hegte, verschlug es bei seiner Pirsch nach Hirschen in eine entlegene Gegend in den Bergen. Da traf er auf die Hütte eines Einsiedlers. Der saß vor der Tür der Hütte und grüßte den Jäger freundlich.

»Habt Ihr vielleicht ein Rudel Hirsche vorbeiziehen sehen?«, fragte der Jäger.

Doch der Einsiedler entgegnete: »Wer seid Ihr?«

»Ein Jäger«, antwortete der Jäger.

Darauf der Einsiedler: »Dann werdet Ihr doch zu schießen verstehen?«

»Mit Sicherheit«, antwortete der Jäger.

Darauf der Einsiedler: »Wenn Ihr einen Pfeil abschießt – wie viele Tiere könnt Ihr damit erlegen?«

»Ein Tier. Mit einem Pfeil kann ich ein Tier erlegen.«

»Also wisst Ihr nicht zu schießen«, erwiderte der Einsiedler.

Der Jäger entgegnete: »Könnt Ihr denn schießen?«

»Gewiss.«

»Und, wie viele Tiere könnt Ihr mit einem Pfeil erlegen?«

»Mit einem Pfeil? Ein ganzes Rudel und noch mehr«, entgegnete der Einsiedler. »Aber die Tiere sind Wesen wie Ihr und ich. Warum sollte ich sie töten? Wäre ich nicht selbst das Ziel meines Pfeils?«

»Wenn Ihr Euch derlei Fragen stellt«, fragte der Jäger, »warum erlegt Ihr Euch nicht gleich selbst?«

»Mich selbst erlegen – eben das vermag ich nicht«, antwortete der Einsiedler. Und er fuhr fort: »Seht Euch nur diesen Menschen an! Wie viel Unwissen und Dunkel hat er über die langen Zeiten in sich angesammelt. Doch heute ist der Tag, da all dies ein Ende findet.«

Als der Jäger diese Worte vernahm, packte er seinen Bogen und die Pfeile und zerbrach sie in viele Stücke. Er wurde Mönch und lebte viele Jahre in einem Kloster.

EIN BETTLERLEBEN

Ein Zen-Meister hatte viele Jahre ein Kloster geleitet und war der Lehrer einer großen Zahl von Schülern. Endlich schien es ihm an der Zeit, dem Lehren zu entsagen, und er legte seine Mönchsgewänder ab und ging.

Einige Jahre waren vergangen, da entdeckte ihn einer seiner einstigen Schüler. Der Meister lebte nun in der Hauptstadt inmitten von leprakranken Bettlern. Der Schüler lief dem Meister entgegen und bat inständig, bei ihm bleiben zu dürfen.

»Warum nicht?«, sagte der Meister. »Doch du musst alles aufgeben, musst deine Gewänder ablegen und dich mit einer Matte als Schlafplatz zufrieden geben.« Der Schüler willigte ein.

Wenig später war einer der kranken Bettler gestorben. In der Nacht gruben der Meister und der Schüler ein Grab, luden den von Wunden gezeichneten Leichnam auf ihre Schultern und legten ihn in die Grube. Nur mit großer Mühe konnte der Schüler sich dazu überwinden.

Der Leichnam war verscharrt, und den Schüler plagte der Hunger.

»Iss doch von der Suppe, die der Tote uns zurückgelassen hat«, sagte der Meister. Doch dem Schüler graute vor dem Eiter und dem Blut, mit denen er die Suppe durchsetzt fand. Nicht einen Schluck bekam er hinunter.

Da sagte der Meister zu ihm: »Nie wirst du ein Bettler sein können. Dir bleibt nichts anderes, als ein großer Mönch zu werden.« Und er wies ihn an, ins Kloster zurückzukehren.

»Ehe ihr es merkt, ist aus dem Frühling Herbst geworden. Frost kommt auf. Kleider und Schuhe sind angezogen. Worauf wartet ihr?«

Meister Fenyang

WEM GEHÖRT DER TRAUM?

Zwei Freunde lebten in einem Dorf Haus an Haus. Sie waren zusammen aufgewachsen und standen sich so nah wie Brüder.

Da geschah es eines Nachts, dass der eine von beiden einen merkwürdigen Traum träumte, der ihn auch am Tag nicht wieder verließ. Immer wieder musste er über diesen Traum nachdenken, und wenn es auch kein Alptraum war, so glaubte er doch, es müsse sich ein böses Omen dahinter verbergen. Er sprach mit seinem Freund darüber, und gemeinsam beschlossen sie, den Tempel aufzusuchen, um sich beim Meister Rat zu holen.

»Ehrenwerter Meister«, sprach der Mann, »mir träumte heute Nacht etwas Sonderbares, das mir nicht mehr aus dem Kopf will. Was mich vor allem bedrückt: Am Ende des Traums hielt ich einen großen, leeren Korb in Händen. Und seither glaube ich, dass dieser Korb ein nahendes Unglück bedeutet.«

Der Meister, der aufmerksam gelauscht hatte, begann zu lächeln. »Wenn es ein Unglück für dich ist, heute zu einem Festmahl eingeladen zu werden, so wird dir in der Tat ein Unglück widerfahren. Wenn nicht, dann freue dich schon auf die vielen Speisen. Was du dir aber merken solltest«, fuhr der Meister fort: »Was immer dir deine Träume für Bilder bescheren – versuche immer das Gute darin zu erkennen. Alles hängt von deinem Inneren ab.«

Während der Meister dies erläuterte, wurde der Freund des Mannes vom Neid ergriffen. »Warum«, so dachte er, »wird er eingeladen, ich hingegen gehe leer aus? Was ist so anders an ihm, dass er diese Gunst erhält?«

Es kam so, wie es der Meister gesagt hatte. Der Mann wurde eingeladen, bat aber auch seinen Freund mitzukommen. Und so genossen beide ein frohes Fest und aßen so viel, dass ihr Hunger nicht nur gestillt wurde, sondern ihre Mägen gefüllt waren bis hin zum übernächsten Tag. Doch ein ganz anderer Hunger war es, der sich im Inneren des Freundes ausbreitete, der Hunger des Neides. Die ganze Nacht über konnte er kein Auge schließen, er grübelte und grübelte und fand kein Ende.

Am nächsten Morgen ging er allein zum Meister. »Ehrenwerter Meister«, begann er, »ich hatte in der vergangenen Nacht einen Traum, der glich aufs Haar dem meines Freundes. Und auch mir erging es so, dass ich am Ende des Traums einen großen, leeren Korb in Händen hielt. Was mag sich hinter diesem Traum verbergen?«

Der Meister musterte ihn aufmerksam. Dann sagte er: »Du musst gut aufpassen, denn deiner lauert eine große Gefahr. Viele Schläge drohen dir.«

Der Freund konnte kaum glauben, was er da hörte. Hatte sein Nachbar nicht denselben Traum erzählt und weitaus freundlichere Worte mit auf den Weg bekommen? Was hatte er, was ihm fehlte? Voller Neid und missgelaunt ging er nach Hause. Da lief er einem Dorfbewohner über den Weg, den er vor einiger Zeit verspottet hatte. Der ergriff die Gelegenheit, seiner gekränkten Ehre Luft zu machen, und packte den Mann und prügelte so kräftig auf ihn ein, dass der mehrere Tage sein Bett nicht mehr verlassen konnte.

Da lag er nun und hatte genügend Zeit, über alles nachzudenken. Erneut empfand er eine große Ungerechtigkeit. Warum war ausgerechnet er verprügelt worden? Wegen einer unbedachten Bemerkung? Oder wegen des Traums? Doch den hatte er ja nicht einmal selbst geträumt. Mit welchem Recht also konnte der Meister ein solches Unglück voraussagen? Er fand keine Ruhe. Und obwohl ihn seine Schmerzen noch immer peinigten, verließ er endlich sein Krankenlager und machte sich auf zu dem Meister.

Gleich brach es aus dem Mann heraus: »O Meister, der Traum, den ich Euch erzählte, war eine bloße Erfindung. Die Schläge aber, die ich einstecken musste, waren mehr als wirklich. Wie kann das möglich sein?«
Der Meister erwiderte: »Auch deine Gedanken und Ränke sind nichts weiter als ein Traum. Der Neid hat in dir genagt, und er hat dich dazu gebracht, dir einen Traum anzueignen, der dir deine Belohnung bringen sollte. So ist es geschehen.«

EIN TOTER ANTWORTET

Ein Schüler wollte sich von einem Meister unterweisen lassen. Der gab ihm zur Aufgabe, den Klang der einen Hand darzustellen.

Der Schüler dachte nach und hörte nicht auf, darüber zu sinnieren, was es wohl mit dem Klang der einen Hand auf sich habe. Vergebens. Denn bei allem, was der Schüler auch vorbrachte, dem Meister genügte es nicht. Schließlich sagte der Meister: »Deine Bemühungen reichen nicht aus. Du bist zu sehr gefangen in der Welt der Genüsse und der Eindrücke. Sie übertönen alles. Am besten wäre es, du würdest sterben.«

Als der Schüler das nächste Mal vom Meister nach dem Klang der einen Hand gefragt wurde, fiel er auf den Boden, als wäre er tot.

»Aha, du bist also gestorben«, bemerkte der Meister. »Doch sag mir, was hat es auf sich mit dem Klang der einen Hand?«

»Dieses Rätsel habe ich noch nicht gelöst«, antwortete der Schüler.

»Tote haben keine Stimme«, erwiderte der Meister. »Weg mit dir!«

EIN DIEB

Bei einem seiner Raubzüge brach ein Dieb in ein Kloster in den Bergen ein. Geweckt vom Lärm, eilte der Meister herbei, doch das Bild das sich ihm bot, ließ jeden Schrecken verfliegen und machte der Besorgnis Platz. Eine ärmlich aussehende Gestalt stand da vor ihm, die ihn mit einem Stock bedrohte und Geld von ihm verlangte.

»Wie gut!«, rief der Meister. »Gerade im Augenblick haben wir mehr Geld als sonst in unserem Kloster. Und ich wusste gar nicht, wohin mit all dem.« Und er holte aus einer Truhe mehrere Beutel, prall gefüllt mit Münzen. Der Dieb, vom Tun des Meisters verwirrt, nahm nach kurzem Zögern das Geld, und er wollte schon davoneilen, als der Meister rief: »Bleibt noch einen Moment! Wollt Ihr nicht diesen warmen Mantel mit Euch nehmen, den man uns gestern schenkte?« Der Dieb nahm auch den Mantel, machte kehrt und wollte eben das Kloster verlassen, als der Meister ein drittes Mal zu rufen anhob: »Noch einen Moment!« Der Dieb kehrte um und fragte: »Wollt Ihr mir noch mehr geben?« »Nein«, antwortete der Meister, »ich habe nichts weiter, was ich

Euch geben könnte. Aber ich bitte Euch, dass Ihr Euch für die erhaltenen Gaben bei mir bedankt.« Das tat der Dieb, um sich dann endlich aus dem Staub zu machen.

Wenige Wochen waren vergangen, da wurde der Dieb gestellt und von der Polizei verhört. Er gestand all seine Einbrüche, darunter auch den in das Kloster in den Bergen. Man rief den Meister herbei, um das Geständnis des Diebes zu überprüfen. Als ihm der Dieb vorgeführt werden sollte, sagte der Meister, er kenne keinen Dieb, der in sein Kloster eingebrochen sei. Man zeigte ihm den Dieb und fragte, ob er diesen Mann tatsächlich nicht kenne. »Doch«, antwortete der Meister, »diesen Mann kenne ich sehr wohl. Er hat mich vor einigen Wochen in meinem Kloster besucht. Da er von Armut gezeichnet war und die Kälte ins Land drang, habe ich ihn mit Geld beschenkt und ihm einen warmen Mantel gegeben. Und bevor er wieder ging, hat er sich bei mir dafür bedankt.«
Von den Worten des Meisters im Innersten berührt, begann der Dieb zu weinen. Und er beschloss, seinem Leben einen neuen Weg zu erschließen.

EWIGES LEBEN

Ein alter Mann suchte einen Meister auf und sprach zu ihm: »Seht her, ich bin hochbetagt, habe schon viele andere, die ich kannte, hinwegsterben sehen, und ich weiß genau, auch meine Tage sind gezählt. Aber ich fürchte den Tod und würde gerne noch ein Weilchen auf Erden leben. Da ich gehört habe, dass Ihr hier Hilfe wisst, frage ich Euch: Könnt Ihr nicht das Ritual des langen Lebens für mich begehen?«

Der Meister erwiderte: »Das wird nicht schwierig sein. Nennt mir zuerst Euer Alter.«

Der Alte: »Leider schon achtzig Jahre.«

Der Meister: »So alt ist das doch nicht. Kennt Ihr nicht den Spruch, mit fünfzig sei man noch wie ein Kind, und die Freuden der Liebe, die solle man vom siebzigsten bis ins achtzigste Jahr genießen? Sagt mir nur, wie alt Ihr werden wollt.«

Darauf der Alte: »Hundert Jahre, das würde mir genügen.«

»Hundert Jahre nur?«, antwortete der Meister. »Ihr seid bescheiden. Nur zwanzig Jahre also, die Euch noch bleiben. Denn Ihr müsst wissen, dass meine Rituale sehr genau sind und Ihr mit hundert sterben werdet.«

Der Alte bekam es mit der Angst zu tun:

»Dann doch vielleicht hundertfünfzig Jahre.«

»Wenn Ihr es wünscht«, erwiderte der Meister. »Doch bedenkt: Ihr habt dann die Hälfte Eures Lebens bereits überschritten, und wie schnell die Zeit vergeht, das wisst Ihr besser als ich.«

»Dreihundert Jahre«, antwortete erschrocken der Alte, »gebt mir dreihundert Jahre, das müsste ausreichen.«

»Eure Bescheidenheit ehrt Euch«, gab der Meister zu bedenken. »Aber wisst Ihr nicht, dass man sagt, der Kranich lebe tausend, die Schildkröte aber zehntausend Jahre? Ihr gönnt dem Menschen also nur dreihundert Jahre?«

Verwirrt blickte der Alte zu Boden. »So sagt mir denn, zu welcher Lebensspanne kann mir Euer Ritual verhelfen?«

Der Meister lächelte. »Wenn ich Euch recht verstehe, würdet Ihr am liebsten ewig leben.«

»O ja«, entfuhr es dem Alten, »aber das wird gewiss nicht möglich sein.«

»Ganz sicher nicht«, so der Meister. »Aber wenn es Euer wahrhafter Wunsch ist, so könnt Ihr ein Leben erlangen, das dem Lauf des Werdens und Vergehens entzogen ist.«

»Dies Ritual will ich haben!«, antwortete der Alte. »Doch ich befürchte, dass es sehr teuer ist.«

»Ihr sprecht es aus: Es ist sehr teuer. Denn es verlangt viel Zeit, und Ihr müsst Tag für Tag zu mir kommen, Euch unterweisen lassen und mit mir meditieren.«

So tat es der Alte. Und der Meister leitete ihn hin auf den Weg, der ihn zur Einsicht auf sein wahres unsterbliches Wesen führte.

Den in diesem Buch präsentierten Meister-
Geschichten liegen folgende Sammlungen zugrunde:

Öser D. Bünker, Die Güte des Meisters wiegt mehr als ein Berg.
Weisheitsgeschichten, Freiburg im Breisgau 1998

Thomas Cleary (Hg.), Der Mond scheint auf alle Türen.
Zen-Aphorismen großer Meister über die Kunst des Lebens aus
innerer Freiheit, Bern-München-Wien 1992

Daehaeng Kunsunim, Wie fließendes Wasser. 33 Zen-Geschichten
aus Korea, München 2008

Paul Reps (Hg.), 101 Zen-Geschichten, Düsseldorf 2003

Meister Ryokan, Alle Dinge sind im Herzen. Poetische Zen-Weis-
heiten, Freiburg im Breisgau 2013

HERDER

Leben im Fluss

160 Seiten | Kartoniert
ISBN 978-3-451-03270-7

Viele von uns leben im Zustand ständiger Überlastung. Dass es auch anders geht, zeigt Alan Watts. Sein Gegenrezept lautet: Im Hier und Jetzt sein und sich dem natürlichen Fluss der Dinge überlassen. Ein Buch, das deutlich macht, dass Zen Lebensstil und Lebenskunst zugleich ist – geistreich und humorvoll.

In jeder Buchhandlung!

HERDER   www.herder.de

Der Weg zum Glück

320 Seiten | Kartoniert
ISBN 978-3-451-03280-6

Thich Nhat Hanh führt an die zeitlosen Wahrheiten des Bud-
dhismus heran. Glück finden wir nicht in äußeren Umständen,
sondern in unserem Körper und unserem Geist. Eine Anleitung
zur Kunst des guten Lebens und die Quintessenz lebenslanger
Praxis eines großen spirituellen Meisters unserer Tage.

In jeder Buchhandlung!

HERDER

Wunden der Kindheit heilen

Finde deine Lebensspur

Die Wunden der Kindheit heilen –
psychologische und spirituelle Impulse

Anselm Grün
Maria-M. Robben

HERDER

192 Seiten | Kartoniert
ISBN 978-3-451-03300-1

Ob wir unsere eigene Lebensspur gehen oder ob wir uns von unserer Vergangenheit bestimmen lassen, hängt von uns selbst ab. Anselm Grün zeigt, wie wir unsere psychologischen und spirituellen Ressourcen erschließen können. Ein Klassiker voller befreiender Impulse.

In jeder Buchhandlung!

Zu Empathie und Erkenntnis

176 Seiten | Klappenbroschur
ISBN 978-3-451-60200-9

Der Dalai Lama gibt uns in diesem faszinierenden Buch Schlüssel in die Hand, um die Türen zu einem Miteinander zu öffnen. Er führt uns in die Welt der buddhistischen Meditation, deren Grundlage und Ziel das Mitgefühl mit anderen Wesen ist, ein. Ein über Jahrtausende gewachsener Weisheitsschatz erschließt sich dem Leser.

In jeder Buchhandlung!

HERDER

www.herder.de